Claudia Fischer

# Wir sind eine Tätergesellschaft …

## … und warum wir so daran festhalten!

### Pädagogische Ansichten, Thesen und Meinungen

Copyright: © 2019: Claudia Fischer
Lektorat: Erik Kinting – www.buchlektorat.net
Umschlag & Satz: Erik Kinting

Die Zitate aus der Süddeutschen Zeitung erfolgen mit mit freundlicher Genehmigung von Süddeutsche Zeitung Content (www.sz-content.de).

Verlag und Druck:
tredition GmbH
Halenreie 40-44
22359 Hamburg

978-3-7497-5356-7 (Paperback)
978-3-7497-5357-4 (Hardcover)
978-3-7497-5358-1 (e-Book)

Bibliografische Information der Deutschen Nationalbibliothek:
Die Deutsche Nationalbibliothek verzeichnet diese Publikation in der Deutschen Nationalbibliografie; detaillierte bibliografische Daten sind im Internet über http://dnb.d-nb.de abrufbar.

*J.: Kein Mensch kann sich das Leid vorstellen, das ich durchge-*
*macht habe ... Man ehrt Menschen, die Großes vollbracht haben.*
*Aber man sollte noch mehr für manche tun, die trotz dem, was sie*
*waren, sich davon abhalten konnten, die größten Schandtaten zu*
*begehen. Ja, ehrt mich.*[1]

---

[1] Albert Camus *Der erste Mensch*, Rowohlt Verlag, 1995, Seite 254

# Inhaltsverzeichnis

Einleitung ........................................................................ 7

Sexismus, Rassismus, Fremdenfeindlichkeit und Diffamierungen... 13

Jugend und Gewalt ........................................................ 18

Jugend und Sucht .......................................................... 31

Narzisstische Persönlichkeitsstörung ............................... 36

Narzisstische Persönlichkeitsstörung im Zusammenhang mit dem
Verlust eines moralischen Verständnisses ......................... 43

Thesen und alltäglicher Sexismus in Verbindung mit Kriminalität.. 55

Sexueller Missbrauch ..................................................... 76

Krankheitsbilder überprüfen ........................................... 79

Realer Täter-Opfer-Ausgleich .......................................... 85

Meinungen ................................................................... 98

Biologie des Bösen ........................................................ 108

Armut ......................................................................... 114

Erziehung .................................................................... 121

Mütter ......................................................................... 125

Trauma und posttraumatische Belastungsstörungen .......... 134

# Einleitung

In der Gesellschaft gibt es zurzeit ein großes Interesse, zu erfahren, warum einige Menschen imstande sind, Böses zu tun. Kriminologen und Kriminologinnen, deren Arbeit unsere Neugier in Teilen stillt, sind der Meinung, dass es dieses Interesse und gar die Faszination daran schon immer gegeben hat. Die Menschen an sich haben ein Faible für Krimis, Thriller und Gruselgeschichten. – Man erzählt sich Böses.

Warum tun die Menschen das schon seit jeher? Gruselige Geschichten werden von Generation zu Generation weitergegeben, zuweilen schüren sie nicht nur Angst, sondern auch Gemeinschaft. Auf Klassenfahrten gab es immer jemanden, der mithilfe gruseliger Gestalten wie Vampiren, Hexen und Monstern eine kribbelige Gänsehaut bei den Zuhörern erzeugte.

Joe Bausch, der als Pathologe im Kölner *Tatort* bekannt wurde und gleichzeitig über Jahrzehnte als Gefängnisarzt im Hochsicherheitsgefängnis Werl gearbeitet hat, verweist in seinem Buch *Knast* auf den schwedischen Autor Hakan Nesser. Der antwortete auf die Frage nach dem Grund, warum Kriminalgeschichten so beliebt seien, dass sich die Leute im Grunde deshalb für den Tod interessieren, weil sich um diesen die zentrale Frage der Menschheit dreht. Der Tod würde als eine Art Themen-Medium fungieren, das der Mensch nutzt, um über das Leben nachzudenken.

Das Böse ist menschengemacht. Ist jeder Mensch zu bösen Taten fähig oder sind es besondere Persönlichkeiten, die etwas Böses vollbringen können?

Es gibt Menschen, die aufgrund von Persönlichkeitsstörungen dazu neigen, anderen Menschen zu schaden. Was sie bei anderen verursachen und auslösen, können sie jedoch nicht in das eigene

Gefühlserleben integrieren. Sie haben keinerlei Mitgefühl, sind in keiner Weise emphatisch. Dazu gehört die narzisstische Persönlichkeitsstörung, der ein ganzes Kapitel gewidmet ist.

Julia Shaw, eine deutsch-kanadische Rechtspsychologin am *University College* in London, vertritt die für mich sehr einleuchtende These, dass jeder Mensch über gute und böse Anteile verfügt. Jeder Mensch wäre dazu fähig, etwas Kriminelles zu tun, meint sie. Sich dem bewusst zu sein trage dazu bei, den eigenen *Täter in sich* in der Selbstanalyse entlarven zu können und ihn zu kontrollieren, um andere Wesen, also Mensch und Tier, nicht zu schädigen.

Lydia Benecke, die Verfasserin von *Psychopathinnen: die Psychologie des weiblichen Bösen* spricht von sogenannten *Schwellen*, die zu übertreten sind, wenn Menschen beginnen, unmoralisch zu handeln. Bei einigen Leuten seien die Schwellen niedriger und ihre Taten befänden sich schneller im kriminellen Bereich, bei anderen wiederum müssen etliche Umstände vorausgehen, damit sie kriminell agieren.

Vor und während meines Lehramtsstudiums habe ich über 20 Jahre Deutsch als Zweitsprache unterrichtet. In den von der Bundesrepublik in Kooperation mit dem *Bundesamt für Migration und Flüchtlinge* (BAMF) vor über zehn Jahren eingeführten sogenannten *Integrationskursen*, sollen Migranten sowie Flüchtlinge die Gelegenheit bekommen, in 600 Stunden Deutschunterricht das *B1-Niveau* nach dem europäischen Referenzrahmen zu erreichen. Das gilt in Deutschland als Voraussetzung für das Einbürgerungsverfahren.

Nach wie vor denke ich, dass die Einführung der Integrationskurse, gerade mit den gemachten Erfahrungen der Einwanderung ab 1960 durch italienische, griechische, türkische und ehemals jugoslawische Gastarbeiter längst überfällig war. Vor den Integrationskursen blieb es jedem selbst überlassen, ob er oder sie die Sprache lernt. Oft war es auch eine finanzielle Frage. Das BAMF beteiligt sich seit Einführung der Integrationskurse an den Kosten für die Sprachkurse. Wir verdanken es den Integrationskurse, dass wir so viele verschiedene Stimmen im Land haben, denn gerade verschiedene Stimmen schaffen demokratische Verhältnisse und halten sie aufrecht.

Um am Ende das Zertifikat *B1* zu erhalten, war es vorgesehen, noch einen 30-stündigen Orientierungskurs zu besuchen. Die Kursinhalte waren geschichtlicher, politischer und kultureller Art. Genauso wie im Rahmenplan der schulischen Bildung für Gesellschaft und Geschichte wurde Wert darauf gelegt, dass die Migranten etwas über die Weltkriege erfahren, natürlich insbesondere über den Zweiten Weltkrieg, den Nationalsozialismus und den Holocaust. So ein Kurs wurde damals zum größten Teil von jungen, meist minderjährigen unbegleiteten männlichen Flüchtlingen aus Afghanistan oder dem Iran besucht.

Ich erinnere mich sehr genau an eine bestimmte Stunde über die Schrecken des Zweiten Weltkrieges und den Nationalsozialismus. Zu diesem Zeitpunkt waren wir schon im Bereich *70 Jahre nach dem Krieg*. Die Stimmung in der Unterrichtsstunde irritierte mich. Ich wertete sie, wie sich im Nachhinein als falsch herausstellte, als eine Art von *Unbeteiligtsein*. Die Lehrerin in mir wollte mehr Beteiligung, die Pädagogin in mir wollte mehr Nachhaltigkeit, der Mensch in mir wollte mehr Interesse und die Demokratin in mir wollte mehr Meinungen und Diskussion für, an und um dieses so wichtige Thema. Es muss dieses Gefühlsgemisch gewesen sein, von dem Lehrkräfte, zumindest ich, im Unterricht angetrieben werden. Es verleitete mich zu der Aussage: »Also ich … ich könnte keiner Fliege was zuleide tun.« Darauf herrschte eisiges

Schweigen im Unterrichtsraum. Ein junger Mann aus Afghanistan schaute mich bewegungslos an, zog eine Augenbraue hoch und fragte, ob ich denn tatsächlich glaube, was ich da sage. »Daran hege ich großen Zweifel«, erklärte er. »Die meisten meiner Kollegen hier haben gesehen, wie ihre Mütter an den Haaren aus Häusern gezerrt, wie ihre Onkel und Tanten verletzt und getötet, wie ihre Brüder und Schwestern misshandelt und vergewaltigt wurden. Was ist denn mit dir? Was würdest du dann tun?«

Selbstverständlich ergibt sich daraus der entscheidende Auftrag; in den Worten von Lydia Benecke: »Wo ist die ganz persönliche Schwelle eines jeden, wo ist meine ganz persönliche Schwelle, wo ist der berühmte Tropfen auf den heißen Stein, der das Fass zum Überlaufen bringt?« Und dann als wichtiges Ergebnis: »Wie schaffen wir es, die empathischen Fähigkeiten eines jeden Menschen so zu fördern und zu bestärken, dass Gewalt anderen gegenüber sofort von allen als unmenschlich begriffen wird, natürlich bestenfalls von den Tätern, die aus verschiedenen Gründen eher niedrige Schwellen haben?« Das ist möglicherweise die wichtigste pädagogische Aufgabe.

Empathie für andere Wesen auszubilden gelingt besser, wenn man als Kind in einem empathischen und Empathie fördernden Umfeld aufwächst. Das gilt nur in einem gewissen Rahmen, denn bei Menschen, die schon frühkindlich eine narzisstische Persönlichkeit oder später eine diesbezügliche Persönlichkeitsstörung ausbilden, können fürsorgliche und eventuell überbehütende Eltern den Verlauf der Erkrankung beschleunigen und noch schwerwiegender machen. Kinder, vor allem Söhne, die von ihren Eltern auf einen Sockel gestellt werden, erinnern schon in frühen Jahren an einen *Pascha*. Die Natürlichkeit, mit der sie abfällig über andere richten, ist bereits auf Schulhöfen erschreckend.

Um Kinder und Jugendliche stark zu machen und sie darüber aufzuklären, dass sie und ihr Wirken von ihnen selbst beeinflussbar sind und bleiben, dient eine indianische Weisheit zum Thema Gefühle:

*Ein Indianerhäuptling erzählt seinem Sohn folgende Geschichte:* »*Mein Sohn, in jedem von uns tobt ein Kampf zwischen zwei Wölfen. Der eine Wolf ist böse. Er kämpft mit Ärger, Neid, Eifersucht, Angst, Sorgen, Gier, Arroganz, Selbstmitleid, Lügen, Überheblichkeit, Egoismus und Missgunst. Der andere Wolf ist gut. Er kämpft mit Liebe, Freude, Frieden, Hoffnung, Gelassenheit, Güte, Mitgefühl, Großzügigkeit, Dankbarkeit, Vertrauen und Wahrheit.*«

*Der Sohn fragt:* »*Und welcher der beiden Wölfe gewinnt den Kampf?*«

*Der Häuptling antwortet ihm: Der, den du fütterst.*«

Der Psychotherapeut Dr. Rolf Merkle, der dieses Gleichnis als Beispiel im Internet anführt, erklärt dazu, dass wir alle positive sowie negative Gefühle verspüren, die nicht unberechenbar über uns hineinstürzen. Wir füttern unsere Gefühle regelrecht, wie in dem Gleichnis. Wir halten dadurch unsere Gefühle am Leben.

Das Gefühl der Eigenverantwortlichkeit und der Selbstwirksamkeit hindert uns daran, anderen Wesen die Schuld an unserem Unglück und unseren negativen Gefühlen zu geben. Wenn wir den *guten Wolf* füttern, stellen wir die schlecht formulierten Entschuldigungen und Rechtfertigungsstrategien, die unser Tun und Handeln (auch das kriminelle Handeln) erklären sollen, ab und machen weder die Umstände noch die Mitmenschen für unsere Fehler oder unser Misslingen verantwortlich.

Wir müssen uns aber auch im Klaren darüber sein, dass wir menschliches Verhalten niemals komplett aufklären können. Menschliches Verhalten ist oft nicht erklärbar und dennoch streben wir beständig danach, Erklärungsmodelle zu suchen. Da ist im Prinzip auch nichts Falsches dran. Für das ganze Bild eines Verhaltensmusters bräuchte man jedoch nahezu alle biografischen Daten eines Menschen, damit man wie ein Schulmediziner, der auch immer möglichst viele Untersuchungsergebnisse zusammentragen muss, diagnostische Aussagen treffen kann. Die Psychologie/Psychiatrie macht das im Grunde. Diese Disziplin hat sich über das letzte Jahrhundert enorm entwickelt und Erklärungs- sowie Behandlungsmodelle geschaffen. Die Ergebnisse bleiben jedoch interpretierbar.

Das Streben nach Erklärung und Analyse birgt eine enorme Heilungschance für alle. Gerade wenn Menschen zu Opfern werden und von anderen zugefügtes Leid erfahren, verschafft es Linderung, mögliche Erklärungen für das Täterverhalten zu finden. Dieses kann mithilfe des Täters, muss aber oft ohne ihn geschehen.

Letztendlich muss auch ein Unterschied zwischen Tätern gemacht werden, die sich fortwährend und über Jahre unaufhörlich in Rechtfertigungsstrategien einhüllen, jenen, denen die Sicherung durchgebrannt ist, weil man von ihnen sagen könnte, dass sie eine *kurze Zündschnur* haben, und jenen, deren Schwelle im Grunde enorm hoch ist, bevor sie kriminell agieren, die jedoch zuvor jahrelang selbst Opfer waren. Die letzte Gruppe besteht mit hoher Wahrscheinlichkeit zu einem größeren Teil aus Tätern, die nach der Tat zutiefst bereuen und geläutert sind, als die beiden erstgenannten Gruppen.

Im Großen und Ganzen stehen die Menschen immer hauptsächlich unter dem Eindruck ihrer eigenen Erfahrungen. Um hinter den gemachten Erfahrungen Motive für Handlungen in der Gegenwart herauszuhören, ist Empathie erforderlich.

# Sexismus, Rassismus, Fremdenfeindlichkeit und Diffamierungen

Die Titel-tragenden Strömungen in der Gesellschaft haben über die Jahrhunderte hinweg ähnliche und in einigen Fällen genau die gleichen Strukturen und Wirkungsweisen entwickelt.[2]

Der Artikel von Emilia Smechowski[3] beschreibt in einem sehr plakativen Maße, wie sehr unser aller Leben in den alltäglichen Sexismus eingebettet ist: *Das Magazin fragte an, ob ich eine Art Selbstversuch starten und auf Sexismus in meinem Alltag reagieren wolle ... Sexismus? In meinem Alltag? »Ich weiß nicht recht«, sagte ich. Ob ich Me-too-technisch überhaupt die Richtige bin, als Autorin, die nicht im Büro, sondern zu Hause am Schreibtisch sitzt? Als junge Mutter, die eher selten ausgeht? Als Partnerin eines Mannes, der die Hälfte der Elternzeit genommen hat?*[4]

Viele Frauen fühlten sich von Me-too erst mal nicht betroffen. Es ging zunächst nicht darum, den Frauen, die im Zusammenhang mit der Affäre um Harvey Weinstein an die Öffentlichkeit getreten sind, nicht zu glauben. Geglaubt habe ich das sofort, es fühlte sich aber nicht danach an, dass es mich auch betraf. Nach dem Lesen des Artikels von Emilia Smechowski und einer der Überschriften – *Wir nehmen Sexismus hin wie das Wetter. Wozu sich über Regen aufregen?*[5] – begriff ich, dass Sexismus wie eine Subkultur unter

---

[2] Vergl. *Wirkungsweisen von Rassismus und Ethnozentrismus* von Annita Kalpaka und Nora Räthzel (Hg) aus: *Die Schwierigkeit, nicht rassistisch zu sein*, Textesammlung, Erstauflage 1986

[3] S. a. *Süddeutsche-Zeitung*-Magazin, *Nicht mehr mit mir*, Emilia Smechowski, Heft Nr. 4 vom 26. Januar 2018, Seite 9-13

[4] Vergl. ebenda

[5] Vergl. ebenda

uns lebt. Mal wird sie ganz offensichtlich, mal benutzen Frauen und Männer sie wie ein Treppengeländer – man hangelt sich an etwas Bekanntem und dadurch Sicheren entlang.

Weiter unten heißt es: *Wir spüren, wenn unsere Grenze überschritten wurde. Wir spüren, wenn wir eine Grenze überschritten haben. Allerspätestens dann, wenn es hinterher peinlich still wird.*[6]

Der Text machte mich auch auf den kanadischen Film von Attiya Khan[7] aufmerksam. Emilia Smechowski schreibt: *Der Film hat mich sehr beeindruckt, und er geht weit über meinen Selbstversuch hinaus. Khan trifft darin ihre erste Liebe: einen Mann, der sie grün und blau schlug, als beide 16 und ein Paar waren. Während sie, Opfer und Täter, Schicht für Schicht abtragen, um zu begreifen, was damals passiert ist, musste ich mehrmals auf Pause drücken. Ihre immer wieder stockenden Gespräche sind unerträglich ehrlich. Wie nun sie die Starke ist und er der Schwache, sie mutig und er beschämt, wie sich beide ihrer Angst stellen. In einem Interview sagte Khan, sie habe diesen Film nicht nur gemacht, um ihren Ex-Freund zu verstehen. Sie habe sich, indem sie aktiv auf ihn zuging, endlich befreien wollen.*[8]

Ich möchte Emilia Smechowski in allem zustimmen, möchte jedoch hinzufügen, dass mögliche Erklärungsmodelle seitens des Täters sehr begrenzt sind. Zweifellos ist dieser Film das mutigste Experiment, das ein Opfer häuslicher Gewalt wagen kann! Die Besonderheit in diesen Treffen liegt auch darin, dass sie überhaupt

---

[6] Vergl. Kapitel *Thesen und alltäglicher Sexismus in Verbindung mit Kriminalität*

[7] Attiya Khan, *A better man*, Kanada 2017

[8] S. a. *Süddeutsche-Zeitung*-Magazin: *Nicht mehr mit mir*, Emilia Smechowski, Heft Nr. 4 vom 26. Januar 2018, Seite 9–13

stattfinden. Das ist zum größten Teil Attiya Khan zu verdanken und zu keinem geringen Teil dem Ex-Freund, der sich einer Situation stellt, der sich ein Täter üblicherweise nicht stellt.

In dem Film gibt es einen Therapeuten, der mit beiden spricht und die Begegnung therapeutisch begleitet. In einem alleinigen Gespräch mit dem Therapeuten sagt Attiyas Ex-Freund, nachdem er die ganze Dokumentation über eher wenig spricht: *»Justice takes its place.«*[9] Es ist keine Erklärung für die Taten und auch keine Entschuldigung. Er war damals 16. Es ist aber so viel mehr als Opfer häuslicher Gewalt normalerweise bekommen. Er hält die Anklage aus. Auch das ist mehr, als jede nicht verurteilte gewaltvolle Tat nach sich zieht, sei sie häuslich oder nicht.

Opfer haben ein tiefes Bedürfnis nach Klärung. Sie ist ein kleiner Baustein zur Aufarbeitung. Darüber hinaus bleiben jedoch immer viel Verzweiflung, jede Menge Chaos und Wunden. Das Überleben hängt von den Ressourcen eines Einzelnen ab.[10]

Kanada hat eine sehr offensive Bewegung zum Thema *Häusliche Gewalt* gestartet. Eine Gruppe der Initiative tourt mit dem Film *A better man* durch Kanada und zeigt ihn einem ausgewählten Publikum, mit anschließender Gelegenheit zur Diskussion. Es gibt Material, das zur Vor- und Nachbesprechung in Klassen eingesetzt werden darf.[11]

---

[9] Übersetzt: *Gerechtigkeit nimmt ihren Platz ein*
[10] Vergl. Kapitel *Thesen und alltäglicher Sexismus in Verbindung mit Kriminalität*
[11] Vergl. *A better man discussion guide for Unions*, herausgegeben von *congrés du travail du Canada* in Kooperation mit *tvo never stop learning* und *Intervention Productions*

Ich bin der Meinung, dass diese Form der Aufklärung auch in Deutschland gestartet werden muss! An der Hamburger Universität habe ich in den 90er-Jahren das Fach *Phonetik* studiert. Wir hatten einen isländischen Professor, der sich aufgrund seiner Freundlichkeit allerhöchster Beliebtheit erfreute. Auch über seine Person hinaus war dieser kleine Fachbereich voller Charakter-Professoren, die auf die eine oder andere skurrile, aber stets freundliche Art nachhaltig beeindruckten. Der erwähnte isländische Professor machte uns darauf aufmerksam, dass die isländische Sprache keine männlichen oder weiblichen Färbungen enthielte, alles würde sehr neutral ausgedruckt. Ich konnte es mir kaum vorstellen, aber die Tatsache, dass ich es heute noch so erinnere, ließ mich weiterhin glauben, dass es wohl so sei. Gleichzeitig las ich gerade ein Buch namens *Die Töchter Egalias*[12]. In diesem Buch werden alle geschlechtsspezifischen Rollen umgetauscht: der Ehemann ist Hausmann und trägt Lockenwickler im Haar, die Ehefrau arbeitet ständig und möchte abends pünktlich essen, wenn sie müde heimkommt, der Sohn spielt mit Puppen, die Tochter mit Autos. Dem nicht genug: In diesem Buch werden alle Personalpronomen vertauscht. Manche Seiten musste ich drei- oder viermal lesen und im Kopf *wieder zurücksortieren*, damit ich die Geschichte dahinter verstand. Das fand ich höchst lästig, weil ich mich selbst als eingefahren entlarvte.

Nun gut. Seit dieser Zeit hatte ich ein besonders liebevolles, verklärtes und höchst gendertaugliches Bild von Island im Kopf. – Bis zum 10.12.2018: Da las ich den Artikel *Feine Gesellschaft – Sechs Abgeordnete sind in Reykjavik in eine Bar gegangen und*

---

[12] *Die Töchter Egalias*, ein Roman über den Kampf der Geschlechter, Gerd Brantenberg, *Verlag Frauenoffensive*, München, 6. Auflage 1992

*haben mal ein bisschen über Frauen geredet. Von Männern, Abgründen und fehlenden Konsequenzen:*[13]

*Island. Insel der starken Frauen. Vorreiter im Kampf gegen Diskriminierung an allen Fronten. Erstes demokratisch gewähltes weibliches Staatsoberhaupt weltweit (1980). Erste offen lesbische Premierministerin (2009). Neun Jahre in Folge Platz eins im Global-Gender-Bericht des Weltwirtschaftsforums.*[14]

Bis hier hin fühlte ich mich bestätigt. Dann las ich weiter:

*Tja. Man weiß nicht, was Sveinsson, mittlerweile Abgeordneter der Opposition, sich heute mehr wünscht: Dass er den Aufsatz*[15] *nie geschrieben hätte? Oder aber, dass er an jenem Dienstag vor drei Wochen nie in Reykjaviks Klaustur-Bar marschiert wäre, um sich dort mit fünf befreundeten oppositionellen Parlamentariern zum Bier zu treffen ... Das Gespräch nimmt einen obszön niederträchtigen Verlauf gegen Frauen, Behinderte und Homosexuelle.*

Als Bára Halldórsdóttir am selben Abend zufällig auch in diese Bar ging und sich an den Nachbartisch setzte, glaubte sie selbst nicht, was sie dort mithören musste. Unter dem Pseudonym *Marvin* spielte sie ihre Aufnahme des Gespräches den Medien zu. Sie enthüllte später ihre Identität: *Bára Halldórsdóttir ist Isländerin, sie ist eine Frau, sie ist lesbisch – und sie ist behindert.*

Das Traurige an diesem Vorfall ist, dass er den Glauben daran beschädigt, dass ein diskriminierungsfreies Klima vor so einem Gedankengut schützt. Das tut es hier ja offensichtlich nicht.

---

[13] Vergl. *Süddeutsche Zeitung* vom 10.12.2018
[14] Vergl. ebenda
[15] Gemeint ist hier ein Essay, das Sveinsson für den britischen *Guardian* drei Jahre zuvor geschrieben hatte und in dem er offen die allzu weiblichen Gesellschaftsverhältnisse anklagt

# Jugend und Gewalt

Den Medien kann man entnehmen, dass die Jugend scheinbar völlig verroht. Das erlebe ich in meiner Arbeit als Lehrerin auch in Teilen, aber nicht in dem Maße, wie es uns durch die Berichterstattung glauben machen will. Während meiner Tätigkeit als Lehrerin im Jugendstrafvollzug ist es hin und wieder vorgekommen, dass mir ehemalige Inhaftierte über den Weg gelaufen sind. Immer in der Absicht, in solchen Momenten auch zu grüßen oder mich auf ein kleines Gespräch einzulassen, fand ich mich in ganz anderen Situationen wieder, als die Berichterstattung suggeriert.

Als Lehrerin ist man immer eine Art Respektsperson, auch wenn es in Deutschland an Schulen zu beklagen gibt, dass dem nicht mehr so sei. Ich habe beiderlei Situationen im Schulalltag erlebt. Da wir es in der Schule im und außerhalb des Strafvollzuges auch mit Kulturen zu tun haben, in denen Lehrer und Lehrerinnen vielleicht nur durch übermäßige Strenge eben diese Respektsperson bleiben, scheint dies weiterhin zu gelten.

Daran, wie anders das Bild des Lehrers in anderen Kulturen geprägt ist, erinnert mich ganz deutlich immer wieder eine Abschiedskarte eines ehemaligen syrischen Teilnehmers eines Deutschkurses. Er hatte lange Jahre als Arzt in seinem Heimatland gearbeitet und war in der Situation, in Deutschland noch mal ganz von vorne anfangen zu müssen, zunächst mit einer völlig fremden Sprache und Schriftweise. Die Karte trägt ein arabisches Sprichwort. Die Übersetzung hat er darunter geschrieben: *Wer mich den ersten Buchstaben lehrt, ist mein König.*

Anscheinend prägt dieses respektvolle Bild des Lehrers auch bei Jugendlichen aus Migrantenfamilien, die in Deutschland geboren sind, auf irgendeine Art und Weise mit. Es ist anzunehmen, dass die im Ausland geborenen Eltern erzählen, wie ihre Schulzeit verlaufen ist. Gerade auch, wenn in der Schule Probleme auftauchen. Sind sie der deutschen Sprache nicht mächtig, ist das die einzige Art, wie sie die Spannungen erst mal aushalten und manchmal auch lösen können.

Ich traf also beim Einkaufen auf einen ehemaligen inhaftierten ausländischen Jugendlichen, der im Vollzug nicht mein Schüler war, aber zwischendurch kleine Gespräche mit mir führte. Im Gefängnis gehörte er zu denjenigen, die nach außen hin großes Selbstvertrauen zeigten und offen in die Welt blickten. Im Discounter blickte er nun aber beschämt zu Boden, nicht zufällig, denn ich war mir in dem Moment sicher, dass er mich erkannt hatte. – Scham ist kein Gefühl, das einfach so verschwinden kann. Es kann verdrängt, abgespalten oder übertragen werden; verschwinden kann es nicht.

Oft habe ich in meiner Arbeit erlebt, dass Jugendliche extreme Situationen verursachen. Das kann in Form eines völlig überzogenen Wutanfalls erfolgen, dem Werfen und Zerstören von Gegenständen, einem Schlag gegen die Wand oder die Tafel, dem Drücken des Alarmknopfs im Gefängnis ohne Anlass oder einem Fluchtversuch. Häufig habe ich seitens der Jugendlichen ein Abwarten der Reaktionen der Erwachsenen bemerkt. Mir schien immer, dass ihre Blicke und ihr Verhalten eine gewisse Neugier beinhalteten – irgendwo zwischen der Lust am Skandal und dem Erwarten von deeskalierenden Fähigkeiten der Erwachsenen. Das meine ich ganz positiv, denn meine Assoziation dazu, wie gewalttätig gewordene Jugendliche aufgewachsen sind, ist immer die der finanziell engen Großfamilie, in der viel Gewalt herrscht. Sicher gibt es auch ganz andere Familienmodelle[16], ich glaube nur, dass die erstgenann-

---

[16] Es gibt das Phänomen *Wohlstandsverwahrlosung*. In diesen Familien gibt es finanziellen Wohlstand, aber keine echte Zuneigung oder Unterstützung, die von den Eltern aufgebracht und gezeigt wird.

te Familienstruktur die Mehrheit darstellt. Wut und Gewalt wird in diesen Familien mit größerer Wut und Gegengewalt beantwortet.

Nach den Vorfällen, die zufriedenstellend deeskaliert wurden, meinte ich, Erleichterung bei den Jugendlichen zu bemerken, als ob sie nach positiven Vorbildern suchen und fest daran glauben, dass das, was sie in ihren eigenen Familien erlebt haben, nicht die einzige Möglichkeit ist, mit Wut und Verzweiflung umzugehen.

Im Jugendalter entstehen eine Menge Wut und Verzweiflung, weil sich alles verändert, sobald man die Pubertät erreicht hat, oftmals schon vorher. Diese Phase in der Jugend beschäftigt Psychologen, Pädagogen und Neurobiologen von jeher. Allein die Beschäftigung mit der eigenen Jugend wird in der Erinnerung häufig mit dem Satz beendet: *Das habe ich gemacht als ich noch jung war. Heute würde ich so ein Risiko nicht eingehen.*

Ja, die Jugend verhält sich riskant! Durch neuere biologische Erkenntnisse dürfen nun die Zweifel an pädagogischen Fähigkeiten ein wenig zurückgeschraubt werden: *Was man heute sagen kann: Die Verrücktheit der Teenager ist kein geistiger Unfall, und sie ist auch kein Unglück. Dahinter steckt vielmehr ein definiertes, absichtsvolles Programm der Gehirnentwicklung ... Zugleich haben sich der Anfang und das Ende dessen, was allgemein unter Pubertät verstanden wird, seit den 1970er-Jahren enorm verschoben. Statt der einst vermuteten sieben Jahre zwischen zwölf und 19 Jahren gehen Wissenschaftler inzwischen davon aus, dass die sogenannte Adoleszenz, die gesamte Phase des Heranwachsens, mindestens doppelt so lange dauert und selbst bei Mittzwanzigern noch nicht abgeschlossen sein muss. Grund dafür ist die langwierige Entwicklung des Gehirns.*[17]

---

[17] Vergl. *Süddeutsche Zeitung* vom 14./15.04.2018, Kathrin Zinkat

Wenn wir diesen Ergebnissen Glauben schenken, und pädagogische Einschätzungen sprechen dafür, dann müssen wir damit rechnen, dass junge Leute über die Stränge schlagen. Selbstverständlich kostet das die Geduld aller Erziehungsbeauftragten, jedoch halte ich es für fast gefährlich, in jungen Jahren von außen alles zu unterdrücken. Sollten sich die wichtigen Selbstfindungs- und Ablösephasen ins weitere Erwachsenenalter verlegen, können wir mit pathologischen Auswüchsen rechnen.

Diese schon oben beschriebenen extremen Situationen, wie sie von jungen Menschen in der Schule und in anderen Betreuungssituationen, sowie im Gefängnis geschaffen werden, kommen mir irgendwie sehr deutlich vor wie eine Re-Inszenierung des eigenen Lebens in der Hoffnung auf ein Happy End, streng genommen ein *happier end* als das, das sie schon kennen.

Bei Eltern, die sehr im *Laisser-faire-Stil*[18] erziehen, lernen die Kinder weder Sanktionen noch Behütung kennen. Vielleicht kennen sie Belohnungen, die werden aber willkürlich eingesetzt und manchmal nur als Folge des schlechten Gewissens der Eltern. In jedem Fall können die Kinder die Belohnungen nicht ihrem eigenen Verhalten zuordnen und haben somit wieder kaum verhaltensregulatorische Orientierungspunkte. Bei Jugendlichen aus diesen Familien entsteht bei mir oft der Eindruck, dass sie die Grenzen der professionellen Erwachsenen gerade soweit antasten, dass als Reaktion eine Sanktion oder eine Behütung erfolgt. Völlig gren-

---

[18] Französisch: *laisser-faire* – übersetzt: *machen lassen*. In diesen Familien gibt es keine Regeln, man kann sie als strukturschwach bezeichnen. Das bedeutet, die Eltern selbst sind kaum in der Lage, allgemeingültige Familienregeln aufzustellen und sich damit als verlässliche Versorger zu beweisen.

zenlose Jugendliche erfahren im Gefängnis zum ersten Mal eine räumliche Grenze, die genau acht Quadratmeter hat. Nachdem ein straffällig gewordener Jugendlicher mal zu mir gesagt hat, er schlafe hier so gut, da er keine Angst haben müsse, dass in der Nacht jemand aus dem Hinterhalt komme, habe ich erkannt, dass Begrenzungen (auch räumliche) gleichzeitig etwas Behütendes haben.

Wenn ich den Umgang der Vollzugsbeamten, die schon 40 Jahre im Dienst sind, mit den männlichen Jugendlichen sah und im Unterricht hörte, wie respektvoll sie über die Bediensteten sprachen, drängte sich mir die Assoziation auf, dass die Kids zum ersten Mal etwas positiv Väterliches erlebten – ein *später Vater*, der Grenzen setzt, aber genau das scheint gefordert zu sein. Ich glaube, wir haben im begeisterten Trend der antiautoritären Erziehung aus dem Blick verloren, dass begrenzende Behütung ein großer Baustein für die gelingende Erziehung ist. Die Aussage *Du bist um 22 Uhr zu Hause* kann als restriktiv aufgefasst werden, allerdings auch in dem Kontext von elterlicher Sorge, verbunden mit dem allgemeinen Jugendschutzgesetz. Sehr frei erzogene Menschen beurteilen die fehlende Grenzsetzung im Nachhinein und oft bis ins späte Erwachsenenalter auch als das Gefühl, dass es den Eltern irgendwie egal war, ob und wann die Kinder nach Hause kommen.

Wie schon erwähnt, schildere ich hier meine Beobachtungen. Mir scheint jedoch, dass ich so falsch nicht liege. Solidarisches Miteinander hat damit zu tun, dass man die Grenzen anderer respektiert. Dafür muss man die Grenzen anderer kennenlernen, möglichst viele verschiedene sogar. Nur dann kann man abstrahieren, dass jeder Mensch seine eigenen persönlichen Grenzen hat. Das ist genau das, was Täter nie tun: die Grenzen anderer respektieren.

»Ist dir noch nicht aufgefallen, wie viel Frechheit durch Unsicherheit zu erklären ist?«[19] Im Sinne dieser Worte ist die Arbeit mit Jugendlichen auch wirklich pädagogisch. Allerdings ist es wichtig, im Auge zu behalten, dass das eine Erklärung ist und keine Entschuldigung. Pädagogen, die aus Resignation aufhören, Jugendlichen den Spiegel vorzuhalten, und sich aus Konfliktscheue schwer beleidigen lassen, lösen am Ende das Gegenteil dessen aus, was sie beabsichtigen: völligen Respektverlust.

Ein Opfer möchte man nicht sein und gleichzeitig muss man es zulassen. Zumindest für einen Teil unserer Identität muss es möglich sein, das Eventuelle oder das Tatsächliche zu denken, ohne dass die komplette Identität in dieses Gefühl eintaucht. Sonst kann man nur noch Verhaltensweisen zeigen, die einem Opfer entsprechen. Den kleinen *Opferteil* der Umwelt zu zeigen, ist ein notwendiger Schritt, um eine reife, erwachsene Identität auszubilden.

Wir alle kennen Menschen, die durch die Aneinanderreihung subjektiv erlebter Opfergeschichten versuchen, die Aufmerksamkeit und Fürsorge anderer zu wecken. Einige nutzen die Umstände ihres Lebens (die ich auf keinen Fall gering schätzen möchte), um andere zu manipulieren. Der narzisstisch Gestörte tut dies in Reinform. Er versucht so, Menschen und potenzielle Partner, die erfolgversprechende *Kümmerer* sind, für seine Zwecke zu manipulieren. Auf vor Lügengeschichten wird nicht haltgemacht.[20]

Marshall B. Rosenberg[21] beschreibt eine Szene mit einer Gruppe Jugendlicher, deren Erscheinung zunächst angsteinflößend für ihn war.

---

[19] Zitat von Kurt Tucholsky
[20] Vergl. Kapitel *Narzisstische Persönlichkeitsstörung*
[21] Vergl. *Gewaltfreie Kommunikation – Eine Sprache des Lebens Gestalten Sie Ihr Leben und Ihre Beziehungen und Ihre Welt in Übereinstimmung mit Ihren Werten*, Junfermann Verlag, Paderborn, 2004, Seite 135

*»Ich zeigte einmal meine Verletzlichkeit einigen Mitgliedern einer Straßengang in Cleveland, indem ich offen zu meiner Verletztheit stand und zu meinem Wunsch mit Respekt behandelt zu werden. »Ach, sieh mal an«, bemerkte einer von ihnen. »Er fühlt sich verletzt; ist das nicht schrecklich!«, worauf alle seine Freunde in Gelächter ausbrachen. Hier hatte ich die Möglichkeit, sie so zu interpretieren, daß sie meine Verletzlichkeit ausnutzten (Wahlmöglichkeit zwei – »andere beschuldigen«[22]), oder ich konnte die Gefühle und Bedürfnisse hinter ihrem Verhalten empathisch aufnehmen (Wahlmöglichkeit vier).*

*Wenn ich jedoch das Gedankenmuster habe, daß ich gedemütigt und ausgenutzt werde, dann bin ich vielleicht zu verletzt, zu ärgerlich oder zu ängstlich, um in einen empathischen Kontakt treten zu können. In so einem Augenblick muss ich mich zurückziehen, um mir selbst Empathie zu geben oder sie von einer verlässlichen Quelle zu erbitten.[23] ...*

---

[22] In seinem Buch bespricht Marshall B. Rosenberg die vier möglichen Reaktionen auf negative Reaktionen. Andere psychologische Kommunikationswissenschaftler wie Friedemann Schulz von Thun geben uns Modelle an die Hand, wie wir verstehen können, dass wir Aussagen immer auf *verschiedenen Ohren* hören können. Vergl. sein *Vier-Ohren-Modell*

[23] Diese Aussage von Marshall B. Rosenberg halte ich für die zentralste in der Gesamtheit aller. Für sich selbst Empathie zu besitzen und darüber hinaus noch die Möglichkeit, sich Menschen zu suchen, die fähig sind, für einen selbst die notwendige und vor allem die richtige Empathie aufzubringen, steht an erster Stelle. Nur so kann man seine mutigen, aber auch ängstlichen Anteile aufspüren, ernst nehmen und für sich und andere einsetzen. Zuweilen ist es auch Tagesform, wie empathisch man auf andere zugehen kann. Bei guten Freunden bleibt die Möglichkeit, auch noch Tage später zu korrigieren und mitzuteilen, dass das empathische Ohr an dem Tag, an dem es nötig war, nicht auf Empfang geschaltet war.

*Da ich der Bemerkung des Bandenmitglieds genau zugehört hatte:* »*Ach sieh mal an, er fühlt sich verletzt; ist das nicht schrecklich?*« *und auch dem darauffolgenden Gelächter nahm ich wahr, daß er und seine Freunde verärgert waren und sich nicht einer Schuldzuweisung oder Manipulation aussetzen wollten. Sie reagierten vielleicht auf Menschen aus ihrer Vergangenheit, die Ausdrücke wie* »*das verletzt mich*« *benutzt hatten, um Kritik zu verpacken. Da ich diese Vermutung nicht laut aussprach und mit ihnen gemeinsam überprüfte, läßt sich nicht mehr herausfinden, ob ich damit richtig lag.*[24]

Im Ausgang der Situation fällt dann von einer der Jugendlichen der Satz: »*Ja, und wenn du hier in der Gegend wohnen würdest, dann wüßtest du, was das für ein Mist ist.*«

Ich würde davon abraten, diese Art von Gesprächsführung in Brennpunkt-Stadtteilen von deutschen Großstädten anzubieten. Nun hatte ich selbst aber das Glück, diese Art von Gespräch bei meiner Arbeit mit straffälligen Jugendlichen führen zu dürfen:

Schon zu Beginn des Unterrichtes schoss mir eine Welle der Aggression entgegen. Alles an ihrer Situation war schlecht, unrecht und von anderen hinterhältig angelegt. Es vergingen anderthalb Stunden, ehe wir gemeinsam fein raussezieren konnten, dass sie den Verlust einer gemeinsamen Beziehungsperson zu verarbeiten hatten. Ich muss gestehen: Hinterher ging es uns allen (!) besser. Hinter Aggressionen die wahren Bedürfnisse eines Menschen zu *erhören* ist zuweilen echte Knochenarbeit. Vor allen Dingen darf man zum gegenwärtigen Zeit nicht selbst in einer eigenen Verletztheit gefangen sein.

---

[24] Vergl. ebenda Seite 135, 136

Im Alter von fünf oder sechs Jahren spielte ich mit einem Nachbarsjungen draußen. Er war ein oder zwei Jahre älter als ich. Ich mochte ihn. Er war ein toller Spielpartner und eine gewisse Bewunderung kann ich nicht verhehlen. Er schnitzte einen Pfeil aus einem Stock und schoss damit herum. Irgendwann traf er mich am Fuß, was ungeheuer wehtat und auch eine Wunde hinterließ. Ich wollte sofort zu meiner Mutter zu gehen, um die Wunde versorgen zu lassen. Ich kann mich auch daran erinnern, dass ich keinerlei Groll gegen ihn hegte. Als ich aber seine Panik sah, hatte ich den Gedanken, ihn zu meiner Mutter mitzunehmen, die für ihr großes empathisches Vermögen und ihre milde Art in der Nachbarschaft bekannt war. Ich wusste, ich konnte mich darauf verlassen, dass sie sagen würde: *Ach herrje, was habt ihr beiden denn angestellt? Na, lasst mal sehen! Das passiert beim Spielen, man muss schon sehr aufeinander aufpassen. Kommt mal her, jetzt gibt es ein Pflaster und zweimal Limonade!* Ich kann mich nicht daran erinnern, dass er mitgekommen ist. Er hat wohl nicht so an meine Mutter geglaubt wie ich.

In meiner Zeit als Grundschullehrerin habe ich oft Wutanfälle begleitet. Manche habe ich mit meinen Reaktionen noch schlimmer gemacht, einige konnte ich mildern, wenn es mir zügig gelang, das Bedürfnis nach Trost oder Begrenzung im Sinne von Behütung dahinter zu entdecken. Nachdem ich mir oft die Anlässe nicht erklären konnte, war ich nach einiger Zeit jedoch ziemlich sicher: In allen Fällen wurde das Rechtsempfinden der kleinen (und später in der Jugendarbeit auch der großen) Wüteriche gestört. In den meisten Fällen war es sogar auf eine ganz extreme und sehr offensichtliche Art und Weise gestört worden. Kinder und Jugendliche verfügen über ein sehr bestimmbares und schnell aus dem Gleichgewicht zu bringendes Rechtsempfinden. Es lohnt sich, die Empathie dafür in pädagogische Gespräche einzubringen.

Ein Junge aus meiner Klasse hat in den Jahrgangsstufen eins bis vier bis auf wenige Ausnahmen sämtliche Grenzen übertreten, die Mitschüler und Lehrkräfte haben können. Auf der anderen Seite hatte er eine sehr charmante, heitere, zugewandte, humorvolle und kluge Art mit sich selbst, den Mitmenschen und den Dingen dieser Erde umzugehen. Seine Wutanfälle dauerten Stunden, manchmal ist er erst nach einem ganzen langen Vormittag in sich zusammengesunken und hat geseufzt: »Ich weiß auch nicht, was mit mir los ist.« Interessanterweise fiel mit diesem Satz dann auch die ganze Anstrengung von mir ab. Dieses Gefühl kannte und kenne ich auch heute immer noch gut. Manchmal weiß man eben auch selbst nicht, was mit einem los ist. Glück hat man, wenn es Menschen um einen gibt, die die Wartezeit, bis man es vielleicht herausgefunden hat, einfach mitüberstehen.

Mit dieser Klasse, und gerade auch mit ihm, war es eine Wonne ins Theater zu gehen. Der beschriebene Junge, der im Grunde auch nie richtig still sitzen konnte, stand bei der ersten Gefahr androhenden Musik oder Person kerzengerade auf der Lehne seines Stuhles und schrie: »Kasper! Achtung! Das Krokodil von hinten!«[25]

Das Rechtsempfinden und das Einfordern der Fairness von Kindern und Jugendlichen sollte von allen sie umgebenden Menschen stetig ernst genommen und gestärkt, nicht permanent verletzt werden. Was soll sonst aus ihnen werden? Menschen, die selbst Unrecht tun? Wahrscheinlich.

Die Sanktionierung und Bestrafung von Jugendlichen und Erwachsenen wird in Deutschland im Gegensatz zu anderen Ländern

---

[25] Vergl. *Süddeutsche Zeitung* vom 19.12.2017, *Strafe ist süß. Schon kleine Kinder freuen sich, wenn unfaires Verhalten vergolten wird. Warum fühlt es sich so gut an, die Gerechtigkeit siegen zu sehen?*

als starr beschrieben.[26] Die Bestrafung in eine logische und damit konstruktive Verbindung zur Tat zu setzen, ist das, was im Allgemeinen beim Täter ein erhebliches Maß an Reflexion, Reue und dem Willen zur Wiedergutmachung wecken könnte. Das Jugendstrafrecht, das sehr davon bestimmt ist, dass da ein Mensch noch in der (moralischen) Entwicklung ist, nimmt wesentlich mehr Bezug auf diesen pädagogischen Gedanken als das Erwachsenenstrafrecht.[27]

Man kann selbstverständlich den Standpunkt einnehmen, dass das *Absitzen* einer Strafe keinen besseren Menschen hervorbringt. Für eine Entwicklung in der Haft ist es jedoch nötig, dass der Betroffene seine Ressourcen nutzt und bindet, sich reflektiert und sich kreativ arbeitend in den Haftalltag mit einbringt.

Es gibt Beispiele, da lernen Haftinsassen einen ganzen Beruf, schreiben ihre Erfahrungen auf oder setzen sich für bessere gesellschaftliche Bedingungen innerhalb und außerhalb der Haft ein.

In anderen Fällen ist es Haftinsassen gar nicht möglich, etwas zu tun, das außerhalb von *Absitzen* stattfindet. Dies kann verschiedene Gründe haben. Entweder ist eine Reflexion der eigenen Taten nicht oder nur begrenzt möglich, der Täter krank oder aus anderen Gründen intellektuell oder physisch geschwächt. In diesem Fall hat der reine Aufenthalt in Gefängnissen den eigentlichen Sinn erfüllt: Die Gesellschaft ist vor diesem Menschen geschützt.

---

[26] Vergl. *Süddeutsche Zeitung* vom 30., 31.12.2017, *Alles, was Recht ist Geldstrafe oder Haft: Deutschlands Justiz kennt im Vergleich zu anderen Ländern nur sehr starre Sanktionen. Doch bald könnten Richter kreativer werden. Wer Unterhalt verweigert, dem drohen dann ganz neue Strafen,* von Ulrike Heidenreich und Ronen Steinke
[27] Vergl. § 9 des Jugendgerichtsgesetzes: *Der Richter hat die Freiheit, sich eine sogenannte Erziehungsmaßregel auszudenken, um den Lebensweg des Jugendlichen positiv zu beeinflussen*

*Es klingt wie erfunden: Ein Holocaust-Leugner muss zur Strafe
fünf KZ-Gedenkstätten besuchen und anschließend einen Aufsatz
über seine Gefühle verfassen. Dies ist aber das Urteil eines belgi-
schen Gerichts von diesem Jahr.*[28]

Zurück nach Deutschland zu den Jugendrichtern. Der Jugendrichter
Edwin Pütz am Amtsgericht von Düsseldorf verbindet regelhaft die
Bestrafung mit dem Lesen von Jugendliteratur.[29] *»SZ: Herr Pütz,
auf einer Liste von Büchern, deren Lektüre in Ihrem Gerichtsbezirk
als Strafe auferlegt werden kann, steht auch »Tschick«, der Jugend-
roman von Wolfgang Herrndorf. Ein gutes Buch? Edwin Pütz: Her-
vorragend. SZ: Für welchen Straftäter würden Sie diese Lektüre
auswählen? Edwin Pütz: ich würde es für einen Jugendlichen nehmen, der ein bisschen orientierungslos ist. Weil man darin sieht: Es
ist nicht alles gut, woran man sich klemmt. Es kann auch arg nach
hinten losgehen. Vorsicht, wem ich hinterherlaufe.*

Die allgemeinen Straftaten, die von Jugendlichen und Jung-
Erwachsenen begangen werden, gehen statistisch gemessen zu-
rück: *Laut einer Studie des Kriminologischen Forschungsinstituts
Niedersachsen ist die Jugendkriminalität in Deutschland von 2007
bis 2015 um die Hälfte zurückgegangen. Auch die Brutalität bei
Straftaten nimmt laut einer Studie in Bayern ab*[30]

Die momentane These von Kriminologen, Psychologen und Pädagogen dazu ist, dass dieser Sachverhalt damit korreliert, dass der
Kinderschutz in den letzten zwei Jahrzehnten wesentlich erhöht

---

[28] Vergl. ebenda

[29] Vergl. *Süddeutsche Zeitung* vom 30./31.12.2017, *Lesen! Darüber
sprechen!* Ein Jugendrichter über Strafen, die tatsächlich etwas bewir-
ken, Ronan Steinke

[30] Vergl. *Süddeutsche Zeitung* vom 02.01.2018 online zur Studie zur
Jugendkriminalität, *Mehr Liebe, weniger Hiebe*, Ronen Steinke

wurde. Ausgehend von der begründeten Annahme, dass frühere Opfer auch zu späteren Tätern werden[31], trägt verstärkter Kinderschutz das Potenzial in sich, Straftaten zu verhindern. Weiterhin wird auch folgende Korrelation in den Raum gestellt: *Die Forscher Pfeiffer, Baier und Kliem nun konzedieren, dass auch andere Erklärungen für den positiven Trend in Deutschland naheliegen. Wo junge Menschen eine Perspektive haben, entwickeln sie seltener Aggressionen. Und die Jugendarbeitslosigkeit ist in den vergangenen Jahren deutlich gesunken.*[32]

Nach einer Haftstrafe ist es für viele, die zuvor in Banden organisiert waren und Gefahr laufen, frühere Mittäter zu treffen, schwierig, der Kriminalität den Rücken zu kehren. Zurück in diesem Dunstkreis ist *einfach so aufhören* nur unter bestimmten Bedingungen möglich. Die übrigen ehemaligen Mittäter könnten die Angst haben, dass der *Abtrünnige* sie im Nachhinein verrät. Auch darüber hinaus hegen Banden genauso wie Sekten einen starken Groll gegen Personen, die sich ihrem teils mörderischen Einfluss entziehen wollen:

Trotz Aussteigerprogramm wurde Nedim Yasar auf offener Straße in Kopenhagen erschossen, nachdem er sein Buch auf einer Lesung vorgestellt hatte.[33] Yasar hatte eine wichtige Botschaft im Gepäck: Auf seinen Lesungen redete er gegen die *Romantisierung des Gangsterlebens, die verqueren Vorstellungen von Ehre und Loyalität.*

---

[31] Dies bestätigt sich immer wieder, wenn ich in meiner Arbeit mit belasteten Jugendlichen und Straftätern deren Biografien bespreche. Häufig ist diese von Verlusten, Ängsten und Gewalt durchzogen.
[32] Vergl. ebenda
[33] Vergl. *Süddeutsche Zeitung* vom 22.11.2018, *Tod eines Aussteigers:* Nedim Yasar kommt als Flüchtlingskind nach Dänemark, der Vater ein Trinker, die Mutter verzweifelt. Er rutscht ab, wird zum Bandenchef. Als er einen Sohn bekommt, schafft er den Absprung. Ist all das nicht ein bisschen viel für 31 Jahre Leben? Es endete jäh am 20. November

# Jugend und Sucht

*Bei einer Suchterkrankung hat die Seele Übergepäck und man muss erforschen, woher das kommt.*[34]

Dank des Mutes einer Frau, deren Alkoholabhängigkeit und anschließende Entsagung von der Öffentlichkeit beobachtet werden konnten, dürfen wir jetzt darauf hoffen, dass sich durch den Tabubruch Menschen eher trauen, in sich hineinzusehen. Die Geschichte um Jenny Elvers geht uns alle an. Der Alkohol ist nur ein Beispiel für eine Suchterkrankung.

Die Innenschau von Jenny Elvers ist ein Beispiel für die Identifizierung unserer eigener Schwachstellen. In uns allen liegt die Tendenz, dass das, was von der Seele offenbar verarbeitet werden muss, zugedeckt und versteckt wird. Entweder kippen wir Alkohol darauf oder verfallen in ein anderes Suchtverhalten. Es gibt viele Möglichkeiten, Süchte können auch in Form von Shopping, Spielen, Sammelei oder auch einem ständigen Auf-der-Flucht-Sein auftreten. Letzteres ist die Sucht danach, in ständigen Neuanfängen das Glück zu suchen, damit Altes liegen bleiben kann und nicht angetastet werden muss.

Eckhard Schiffer legt sehr überzeugend dar, warum Huckleberry Finn nicht süchtig wurde:[35] *Sucht hat viele Gesichter und auch viele Begründungen. Mit Sucht ist in diesem Buch ein Handeln gemeint, über das ein innerer Zustand des Unglücklichseins, der Spannung und der Unruhe oder der qualvollen Leere verändert*

---

[34] Jenny Elvers im *Stern-TV*-Interview 2018
[35] Eckhard Schiffer, *Warum Huckleberry Finn nicht süchtig wurde*, Anstiftung gegen Sucht und Selbstzerstörung bei Kindern und Jugendlichen, Beltz Verlag, 1999, Erstveröffentlichung 1993 durch den Quadriga Verlag

*werden soll. Die innere Friedlosigkeit soll beendet werden. Ange-*
*strebt wird also Befriedigung. Jedoch führt dieser Weg über kurz-*
*fristigen Scheinfrieden in die Selbstzerstörung. Und der Weg wird*
*meist weiter beschritten, obgleich die Folgen bekannt sind – trotz*
*»Aufklärung«.*[36]

Eckhard Schiffer schreibt, dass unser *Verhalten heutzutage um-*
*fassend süchtig ist und dass wir weitermachen, obgleich wir wis-*
*sen, was wir anrichten.* Anhand der Geschichte, die sich um Huckleberry Finn und Tom Sawyer rankt,[37] können wir erkennen,
dass die innere Kreativität und Freiheit, die sich durch sein Leben
in Huckleberry Finn bildet, ihn davor bewahrt, Scheinbefriedigun-
gen in Form von Süchten zu suchen. Das *aufsässig-schöpferische*
*Denken*[38] ist eine wichtige Fähigkeit, das Leben selbstwirksam zu
gestalten.

Fantasie entsteht, wenn wir, besonders in Kindertagen, nicht so
viel Vorgegebenes konsumieren, sondern uns selbst Spiele aus-
denken und Spiel- und Funktionsgegenstände selbst erfinden. Der
Zustand des Schöpfens entsteht aus einer Phase der Langeweile
heraus, die vor jedem wichtigen kreativen Prozess stattfindet. Das
berichten Künstler jeglicher Art, seien sie nun schauspielend,
schreibend oder bildnerisch tätig.

Huckleberry Finn erlebt Abenteuer. Er baut ein Floß, macht
Feuer und lebt in einer improvisierten Hütte. Mark Twain darf es
in Teilen mit ihm erleben. Kinder und Jugendliche heute leben

---

[36] Vergl. ebenda Seite 8
[37] Vergl. Mark Twain, *Die Abenteuer des Huckleberry Finn*, Erstveröffentlichung 1884
[38] Vergl. Eckhard Schiffer, *Warum Huckleberry Finn nicht süchtig wur-*
*de*, Anstiftung gegen Sucht und Selbstzerstörung bei Kindern und Jugendlichen, Beltz Verlag, 1999, Erstveröffentlichung 1993 durch den
Quadriga Verlag, Seite 9

hingegen in einer völlig anderen Welt. Wartezeiten beim Arzt werden damit verbracht, dass Kindern das Handy der Eltern in die Hand gedrückt wird, damit die beschäftigt sind und die Eltern ihre Ruhe haben. Auf der einen Seite ist es nachvollziehbar, auf der anderen Seite muss man aber auch nicht lange überlegen, wie sich das über die Dauer der Kindheit auswirken kann. Steve Jobs, behauptet man, hat nicht umsonst seinen Kindern die eigenen Produkte vorenthalten.

*»Die Spiele selbst sind gar nicht immer das Hauptproblem«, sagt Bert te Wildt, Chefarzt der Psychosomatischen Klinik im Kloster Dießen. Er hat Nico die vergangene Woche betreut. »Viel schlimmer kann das sein, was man verpasst, während man am Computer sitzt. Körperliche, sinnliche und soziale Erfahrungen fehlen, und in der Jugend natürlich wichtige Entwicklungsschritte.«*[39] Der Artikel gibt Aufschluss über die Varianten der Spielsucht bei Jugendlichen. Häufig sitzen sie 15–16 Stunden vor dem Computer und geben noch dazu eine Menge Geld dafür aus, sich das nächste Level zu erkaufen. Gerade Onlinespiele haben einen hohen Suchtcharakter. Es entsteht das Gefühl, etwas zu verpassen, wenn man offline geht. In Las Vegas ist es üblich, ins Spielcasino zu gehen, man kann allerdings auch im Hotelzimmer online spielen. Das Service-Set des Hotels beinhaltet auch Windeln, damit man nicht durch Toilettengänge beim Spielen beeinträchtigt wird.[40]

---

[39] Vergl. *Süddeutsche Zeitung* vom 08.01.2019 *Game over.* In einem ehemaligen Kloster werden Internetabhängige behandelt. Sie lernen hier erst mal wieder, wie sich nasses Laub anfühlt und wie ein Schaf riecht. Die Geschichte einer Heilung von Werner Bartens
[40] Information eines Wissenschaftlers aus Indien, der das Suchtpotenzial verschiedener Spiele erforscht hat.

Bei der Spielsucht besteht nicht nur die Gefahr, dass der Jugendliche psychisch erkrankt, auch physisch kann extreme Spielsucht sehr gefährlich werden. Dr. te Wildt berichtet von einem Jugendlichen in Asien, der 48 Stunden Strategiespiele gespielt, wenig getrunken und nicht geschlafen hat. Es fiel zunächst gar nicht auf, dass er tot war, da, so berichtet Dr. de Wildt weiter, *»Süchtige manchmal vor dem Bildschirm einschlafen, es fällt also nicht auf, wenn sie sich länger mal nicht bewegen. Als man den Jungen in seinem klobigen, roten Kunstleder-Sessel vom PC wegzog, blieben seine Arme ausgestreckt in der Luft stehen, die Finger verkrampft, als würde er immer weiter spielen.«* Die Totenstarre hatte schon eingesetzt.[41]

Auch dieses Thema geht uns alle an, genauso wie der Alkohol. Viele Erwachsene sind ebenfalls *Digital Junkies*[42]. Überall starren Menschen in ihr Smartphone, beim U-Bahn-Fahren, beim Gehen, verbotenerweise beim Autofahren ... Die analoge Welt kommt völlig abhanden. Im Falle der Jugendlichen werden die erst mal wieder mit Tieren in Kontakt gebracht: *»Tiere anfassen, ihre Verletzlichkeit spüren, aber auch Bindung spüren, das geht nicht am Computer, sondern nur in der richtigen Welt. Beziehungsverhalten und soziale Kompetenz sind bei Internetsüchtigen oft verkümmert, sie sind eher schüchtern und soziophob«, sagt te Wildt.«*[43]

Der Einzug des Digitalen verändert unser Leben vollständig. Und zwar so, dass wir mit unserem analogen Denken, das sich seit der Steinzeit nicht besonders verändert haben soll, nicht mehr mitkommen. Wir sind heillos überfordert, können uns der

---

[41] Vergl. ebenda
[42] Titel des von Bert te Wildt verfassten Buches
[43] Vergl. ebenda

Reize, die hinter dem schnellen Klick warten sollen, nicht erwehren.

Ich entstamme einer Generation, die immer wieder naiv behaupten darf, dass das Leben in der Kindheit mit drei Fernsehprogrammen und den gemeinsamen Familienabenden vor dem Fernseher mit Sendungen wie *Wetten dass*, *Quincy* und *Dallas* im Nachhinein betrachtet das Moralempfinden eindeutiger und übersichtlicher sowie auch positiver gestaltet wurde und dass nach Sendeschluss erheblich viel Zeit für Langeweile und ihre schöpferischen Kraft übrig blieb. Aber ist das schon die Moral von der Geschicht'?

Süchte jeglicher Art verdecken nicht nur unsere wahren Träume und Bedürfnisse, sie schädigen uns biologisch. Alkohol und Tabletten können z. B. zu einer Hirnschrumpfung[44] führen. Ein neuer Kreislauf entsteht: Aus Sucht entsteht Schädigung, aus Schädigung entsteht Sucht. Der andere Kreislauf ist: Aus Opfern werden Täter! Gibt es hier einen Zusammenhang?

---

[44] Vergl. Eckhard Schiffer, *Warum Huckleberry Finn nicht süchtig wurde*, Anstiftung gegen Sucht und Selbstzerstörung bei Kindern und Jugendlichen, Beltz Verlag, 1999, Erstveröffentlichung 1993 durch den Quadriga Verlag, Seite 28

# Narzisstische Persönlichkeitsstörung

Die narzisstische Persönlichkeitsstörung kann man als eine Art Spektrumsstörung bezeichnen. Eine mögliche Beschreibung wäre: Jeder Mensch besitzt Wesenszüge in einer mehr oder weniger ausgeprägten Art. Das Spektrum ist breit und muss nicht notwendigerweise zu schädigenden Handlungen sich selbst oder anderen gegenüber führen. Eine gewisse Art von Narzissmus steckt in jedem von uns. Wir alle wünschen uns Zuneigung und Anerkennung von unserer Umwelt. In diesem Streben tun wir Dinge, die anderen gefallen und uns Anerkennung verschaffen sollen. Es funktioniert im Prinzip als Motor, um uns vor uns selbst und in unserem Umfeld Respekt und Anerkennung zu verschaffen. Der gesunde Narzissmus und der, der im Spektrum weitere Ausschläge verzeichnet, führte und führt die Menschheit zu Neuerungen, Veränderungen und zu den größten Erfindungen.[45] Der Narzisst in uns möchte weiter und ist mit dem gegenwärtigen Zustand nie lange zufrieden.

Narziss wurde nach der griechischen Sage nach einer Vergewaltigung als Sohn der Nymphe Leiriope und des Flussgottes Kephissos geboren. Er wuchs zu einem schönen Jüngling heran. Viele schwärmten für ihn, Mädchen wie Jungen. Er jedoch ließ alle abblitzen und zeigte sich unnahbar und hartherzig. Keiner konnte sich ihm nähern. Die Nymphe Echo, die dazu verflucht war, nur nachsprechen zu können, verliebte sich in Narziss. Sie gestand ihm ihre Liebe, er jedoch sagte, er wolle lieber sterben, als ihr zu gehö-

---

[45] Vergl. Dr. Reinhard Haller, *Die Narzissmusfalle, Anleitung zur Menschen- und Selbsterkenntnis*, Ecowin Verlag, Salzburg, 2013, Dr. Haller ist Suchttherapeut und Gerichtspsychiater, den Inhalt seines Buches stellte er auch sehr anschaulich sowie humorvoll in einem Vortrag am 21.05.2013 im Festsaal der Arbeiterkammer in Feldkirch vor, abzurufen bei *Youtube*

ren. Echo versteckte sich im Wald und verhungerte vor Kummer. Eines Tages kam Narziss an einen See und entdeckte darin das Bild eines wunderschönen Jünglings. Er konnte den Blick nicht abwenden und wurde von Sehnsucht erfasst. Im Versuch der Näherung an das Antlitz tropfte, so heißt es in der Sage, eine Träne von ihm ins Wasser und das Bild verschwand. Aus Verzweiflung darüber, dass er sich mit diesem schönen Geschöpf nicht vereinen konnte, stürzte er sich in die Tiefen des Sees und ertrank. Dr. Reinhard Haller dazu in seinem Buch *Die Narzissmusfalle*: »*Die knappe Erzählung enthält eine ganze Fülle von psychologischen Fakten und tiefenpsychologischen Hypothesen.*«

Es gibt einen entscheidenden Unterschied, in welcher Form die deutschsprachige und die englischsprachige Literatur, letztere überwiegend aus dem US-amerikanischen Raum, die narzisstische Persönlichkeitsstörung umschreibt und analysiert. Die US-amerikanischen Psychologen rücken das komplette Krankheitsbild eher in die Richtung des Psychopathen. Einige Verhaltensweisen sind komplett deckungsgleich. Die deutsche Literatur ist da viel vorsichtiger, immer basierend darauf, dass das Spektrum enorm ausgebreitet sein kann und es eine gewisse Form des natürlichen Narzissmus' gibt, die nötig erscheint, um sein Leben selbstgestaltend in die Hand zu nehmen. Darüber hinaus basiert die Einlassung auf therapeutische Behandlung in Deutschland hauptsächlich auf Freiwilligkeit. Das heißt, derjenige muss eine innere Not verspüren und sich behandeln lassen. Der Narzisst oder Psychopath verspürt jedoch in den meisten Fällen gar keine Not. Aus diesem Grund hat die Wissenschaft einen anderen Gradmesser eingeführt: das Ausmaß des Leidens der Umwelt[46]. So kann eine Diagnose erfolgen – keine Therapie!

---

[46] Vergl. ebenda

Narzisstisch gestörte Partner haben, wie jeder Täter, der in voller Absicht agiert, ein ganz feines Gespür für die *Tauglichkeit* ihrer Opfer. Sie können in wenigen Momenten erkennen, ob die Person schon vorher in ihrem Leben narzisstischem Missbrauch ausgesetzt war und sie einfach nur den bestehenden Kreislauf aufrechterhalten brauchen oder ob sie ihn zusätzlich in ihrem Sinne einschleifen und verfeinern müssen.[47]

Das Beziehungsleben mit einem Narzissten ist im Grunde eine einzige Kriegserklärung. Da es überwiegend ein männliches Problem ist, sind häufig die Partnerinnen die Leidtragenden. *Bei vielen Frauen sitzt jahrelang die Hoffnung am Steuer*«[48] und sie glauben daran, dass der Partner sich ändert und plötzlich doch irgendeine Art von Empathie für sie entwickelt. Dies wird aber nicht passieren. Narzisstisch Gestörte leben in einer permanent gekränkten Haltung und sind stets der Meinung, andere Personen hätten die ganze Zeit die Absicht, sie zu kränken. Aus ihrer eigenen Sicht schlagen sie nur zurück. Nach ihrem moralischen Verständnis sind die anderen Menschen die Egoisten, die nur an sich denken. Narzissten merken gar nicht, dass sie anderen erhebliche Grenzverletzungen zufügen, indem sie einfordern, dass man sich gefälligst um sie zu sorgen und ihnen Zuwendung zu geben hat. Diese verlangen sie auch immer noch, wenn die Partnerin aufgrund des häuslichen Terrors Gesundheitsprobleme bekommt. Statt Aufklärung stößt man in der Literatur auch häufig auf Durchhalteparolen psychologischer Art.[49]

---

[47] Vergl. Christine Merzeder, *Wie schleichendes Gift, Narzisstischen Missbrauch in Beziehungen überleben und heilen*, Scorpio Verlag, 2015
[48] Vergl. Dipl. Psychologin Sandra Schirm in der Dokumentation *Mensch, bin ich toll! Narzissmus als Störung*, alpha1, Bayrischer Rundfunk, 2015, abzurufen über *Youtube*
[49] Vergl. *Psychologie heute*, Beltz Verlag, Ausgabe Oktober 2017, *Narzissten - Was geht in ihnen vor? Wie kann man mit ihnen leben?*, Seite

*Mit Narzissten leben lernen* ... Ganz ehrlich: Wer möchte denn mit einem Narzissten leben? Und das noch freiwillig? Was soll man mit einem Partner anfangen, dessen Gemüt und Selbstbewusstsein einem zweijährigen Kind entspricht? Der keine Kritik vertragen kann, aber ständig austeilt und absichtlich verletzt? Jemand, den man ständig *therapeutisch loben* muss, um ihn bei Laune zu halten? Der über keine empathischen Fähigkeiten verfügt und wenn, sie nur für den Zweck einsetzt, die Partnerin erneut in ihren Schwächen zu treffen, um ein Klima von Schuld(verschiebung) und Scham zu kreieren? Diese Beziehungen sind nur deshalb so verlässlich wirkend aufzubauen, weil Frauen ihre traditionell anerzogenen Rollenmodelle und Strukturen immer noch nicht so einfach ablegen können.

Frauen können etwas tun, die Träger dieser negativen Energien zu identifizieren, indem sie ihre empathischen Fähigkeiten[50] aufbauen:

*Empathie und die Fähigkeit, verletzlich zu sein – Weil unsere tiefsten Gefühle und Bedürfnisse angesprochen werden, empfinden wir es manchmal als große Herausforderung, uns in der GFK[51] auszudrücken. Der Selbstausdruck fällt uns jedoch leichter, wenn wir anderen Empathie gegeben haben, weil wir dann mit Menschlichkeit in Berührung kommen und erleben, daß es menschliche Eigenschaften gibt, die wir gemeinsam haben. Je mehr wir uns mit*

---

19-23 und *Mit Narzissten leben lernen - Wie Sie sich vor dem manchmal schädlichen Einfluss narzisstischer Partner, Kollegen oder Freunde schützen können*, Seite 24-27
[50] Vergl. Marshall B. Rosenberg. *Gewaltfreie Kommunikation - Eine Sprache des Lebens, Gestalten Sie Ihr Leben, Ihre Beziehungen und Ihre Welt in Übereinstimmung mit Ihren Werten*, Verlag Junfermann Verlag, Paderborn, 2004
[51] GFK = Gewaltfreie Kommunikation

*den Gefühlen und Bedürfnissen hinter ihren Worten verbinden, desto weniger Angst macht es, sich anderen Menschen zu öffnen. Die Situationen, in denen wir uns am stärksten dagegen wehren verletzlich zu sein, sind meist geprägt davon, daß wir ein »starkes Image« bewahren wollen aus Angst vor Autoritäts- oder Kontrollverlust.*[52]

Empathie können wir in zwei verschiedene Richtungen schicken. Einmal mit dem Ziel, anderen Menschen zuzuhören, mit ihnen zu schwingen und sie zu unterstützen. Und zum anderen, um Menschen zu entlarven, hinter deren Worten kein Gefühl steckt, mit dem man mitschwingen kann, sondern nur leere, erlernte und quasi auswendig gelernte Worthülsen.

Im Grunde brauchen die Menschen einander, sie sind soziale und gesellige Wesen. Tatsächlich ist der tödlichste Faktor für das menschliche Leben die Einsamkeit.[53] Wir brauchen unsere Familie, unsere Freunde und die Beziehungen zu anderen Menschen, gleichwohl sind sie Tummelplatz für Verletzungen. Im schlimmsten Fall haben diese Verletzungen straftatenähnlichen Charakter und verstoßen gegen Artikel 1 des Grundgesetzes.[54]

Kein Mensch ist für die Einsamkeit bestimmt. Wir müssen uns gegenseitig spiegeln, korrigieren und verhindern, dass *wir abheben*. Gibt es dieses Klima um uns herum nicht, verhalten wir uns asozial und schädlich für andere Wesen.

---

[52] Vergl. ebenda, Seite 135
[53] Die Wissenschaft hat sich des Themas Einsamkeit aktuell angenommen. Die Dokumentation vom MDR vom 20.04.2019 skizziert die *Generation Allein*. In Großbritannien gründete sich aufgrund erschreckender Einsamkeits-Marker in der Gesellschaft ein *Ministerium für Einsamkeit*.
[54] Artikel 1 GG: *Die Würde des Menschen ist unantastbar*

Es gibt eine Menge Anzeichen für narzisstisches Gedankengut und Verhalten, das Frauen schon erkennen können, wenn sich eine Beziehung anbahnt. Narzissten halten zum Beispiel in puncto Freundschaft die Konkurrenz von Geschlechtsgenossen nicht aus. Sie haben keine männlichen Freunde, weil sie deren Kritik fürchten. Da gute Freundschaften und Beziehungen im gesunden Sinne auch Kritik bedeuten, glaubt der Narzisst, dass er dem entgehen kann, indem er einfach keine Freundschaften in dieser Konstellation führt. Gerne unterhalten männliche Narzissten Freundschaften zu Frauen. Das können Einzelfreundschaften sein oder die Form eines *Bewunderinnen-Klubs* einnehmen. Bei Kritik oder unerwünschtem Verhalten werden diese jedoch aussortiert. Narzissten bleiben gerne mit ihren Ex-Ehefrauen oder Ex-Freundinnen befreundet, damit der objekthafte Zugang weiterhin gesichert ist. *Lass uns Freunde bleiben* bedeutet in diesem Fall leider nur, dass der Missbrauch weitergeht.

Narzissten betreiben auch keinen Mannschaftssport – es sei denn, sie sind absolute Profis. In jungen Jahren sind sie konkurrenzlos, später lässt das nach, wie jede Kraft im Alter. Am Ende sind Narzissten sehr einsam.

Ehefrauen und generell jede Beziehungspartnerin von Narzissten sind in Gefahr, Opfer dieser Art *alltäglicher Straftaten* zu werden. Hat man erst mal die Erkenntnis, unter welcher Störung der Partner leidet, ist es möglich, sich professionelle Beratung zu holen. Es gibt inzwischen einige wenige Scheidungsanwälte, die darauf spezialisiert sind. Gerade bei gemeinsamen Kindern ist es besonders wichtig, alles zu unternehmen, was vom narzisstischen Partner über deren Rücken auszutragen versucht wird.

Wenn man genau auf sein Gefühl hört, sind Narzissten einfach unangenehme Zeitgenossen, in deren Gesellschaft man nicht sein möchte. In diesem Fall hilft nur: Beine in die Hand nehmen und laufen![55]

---

[55] Vergl. auch Christine Merzeder und Dr. Reinhard Haller

# Narzisstische Persönlichkeitsstörung im Zusammenhang mit dem Verlust eines moralischen Verständnisses

*Der Hauptanführer einer Tat stellt sich beiseite und lässt die anderen machen.*[56]

In sogenannten Mobbing-Fällen kann das oben beschriebene Prinzip genutzt werden. Ich bin absolut keine Expertin in Mobbing-Fragen und möchte der Forschung und den Fachleuten keine unbestätigten Diagnosen vorstellen, es ist jedoch ein viel genutztes Prinzip, andere die Drecksarbeit machen zu lassen, während man sich selbst als moralisch überlegen darstellt. Insofern transportiert der Beziehungstäter viele kleine Verletzungen verursachende Aussagen anderer[57] an das Opfer, um sich selbst gut darzustellen. So kann er immer vorgeben, dass das nur die anderen über das Opfer sagen, er ja nicht.

In meiner beruflichen Tätigkeit hatte ich nur wenig Kontakt zu Opfern, jedenfalls wissentlich. Ich stelle mir die Situation nach der Tat jedoch wie einen ständigen Überlebenskampf vor. Dieser Kampf bündelt die ganze Energie und ist auf das Ziel *Überleben* ausgerichtet, ähnlich wie Leistungssport. Menschen, die gefährlichen Hochleistungssport betreiben (z. B. Rafting) sagen, dass es sogar sehr entspannend ist, wenn die ganze Kraft nur einen Fokus hat, wie beispielsweise die nächste Stromschnelle durchqueren zu können. Die alltäglichen Probleme, vielleicht mit der Bank oder die in der Ehe, verschwinden für diesen einen Moment. Wichtig ist die Fokussierung auf das Ziel.

---

[56] Aussage von Bediensteten in der pädagogischen Arbeit mit straffälligen Jugendlichen
[57] Vergl. *Triangulation*

Wenn ich den Zustand des Opfers damit gleichstelle, dann hat es nur Ruhe, wenn der Organismus auf *Überleben* eingestellt ist. Dafür müssen Extremsituationen herbeigeführt werden, die unter normalen Umständen für Stress sorgen. Die ständige Aufrechterhaltung dieses künstlichen Gleichgewichts wäre dann gleichbedeutend mit dauerhaft ausgeübtem Hochleistungssport, die Entlastung liegt aber darin, dass die Gesamtsituation übersichtlicher wird. Eigentlich ist das in dieser Stetigkeit jedoch nicht leistbar.

Gehen dann die Geschädigten in Therapie, was für jede Person, die psychischem Stress ausgesetzt ist, ohne lange Wartezeit möglich sein sollte, verlieren sie dieses Hilfesystem. Therapie bedeutet die Auseinandersetzung mit sich selbst,[58] was in diesem Fall nicht gleichbedeutend damit ist, dass das Opfer einen Anteil der Schuld an der Tat bei sich finden soll. Das Opfer ist nicht schuld, hat keine Verantwortung für die Taten eines anderen. Diese Gedanken zerbrechen einen Menschen hinterher, man nennt dies *sekundäre Viktimisierung.*

Sinn und Zweck, eigene Anteile an der zurückliegenden oder vielleicht noch andauernden zerstörerischen Situation zu entdecken, kann nur sein, die Momente zu identifizieren, in denen man nicht klar gesehen hat. Vielleicht hat man eine Sekunde nicht aufgepasst, wiederkehrende Signale falsch gedeutet oder hatte schlichtweg nicht so viel Informationen wie zum gegenwärtigen Zeitpunkt. Für diesen Moment in der Therapie muss man stark sein und sein *Überlebenskampf-Hilfesystem* verlassen wollen und können. Man muss zulassen, dass es wieder unübersichtlicher wird. Stark geschädigte Personen können dies nicht mehr unbedingt. Sie nutzen die Fokussierung auf eine Person, die für alles Schlechte

---

[58] Vergleiche Kapitel *Krankheitsbilder überprüfen*

verantwortlich ist. Es entstehen Rachefantasien, eventuell sogar potenziert im Größenwahn. Die Person, auf die sie dann diese Gedanken konzentrieren, kann der reale Täter sein, muss es aber nicht. Wenn der Täter als solches nicht mehr greifbar, eventuell verstorben ist oder das Land verlassen hat, reicht es aus, wenn die Energie auf eine andere Person übertragen werden kann. Vielleicht ähnelt diese neue Person dem Täter optisch oder zeigt ähnliche Charakterzüge und Verhaltensweisen.

Das Verhalten von Opfern erscheint nach den Taten als nicht fassbar, es ist viel undeutbarer als das Verhalten von Tätern, die überführt und verurteilt wurden. Das liegt vielleicht daran, dass Verzweiflung viele Gesichter hat. Die Menschen, denen Schreckliches widerfahren ist, sind überfordert. Das Schreckliche hat wenige Gründe und selten eine Logik, die für das Opfer fassbar ist. Nur der Täter kann Hinweise darauf geben, was ihn veranlasst hat, eine Tat zu begehen. Wenn dieser schweigt, ist es für Opfer und deren Angehörige eine besondere Qual. Man kann immer wieder in den Medien lesen, dass die Hinterbliebenen von Opfern, die verschwunden bleiben, wegen der Ungewissheit, was genau passiert ist, besonders leiden. Es wäre den Angehörigen in der Regel lieber, man fände das tote Kind, damit der Zweifel und damit etwas von der Verzweiflung verschwinden. Die Menschen brauchen im Allgemeinen einen Ort, an den sie gehen können, um Abschied zu nehmen und zu trauern. Dieser Ort hat eine besondere Wichtigkeit, um den Abschied zu verarbeiten. Die nächste Verzweiflung steht im Raum, wenn man den Täter nicht finden kann.

Ein wenig Genugtuung entsteht scheinbar für viele, wenn der Täter gefasst wurde und man im Prozess von den Beweggründen des Täters erfahren kann, auch wenn diese von sehr niedriger Natur sind. Es entsteht eine kleine fassbare Logik, es gibt einen Grund. Sinnloses Sterben ist das, was Menschen besonders umtreibt. Den Grund zu erfahren, macht das Leben hinterher allerdings nicht leichter. Menschen müssen nach jedem Schicksalsschlag Kohärenz[59] aufbauen.

Der Wunsch, den *Plan* des Täters zu verstehen, zeigte sich für mich beim Lesen eines kürzlich erschienenen Artikels in der *Süddeutschen Zeitung*[60] in sehr brutaler Art und Weise. Es erscheint mir sehr nachvollziehbar und auch ich hätte so reagiert, dennoch zeigt die Reaktion von Angehörigen der vielen Opfer dieser Taten ein sehr verzweifeltes Prinzip:

*Es sind die Geschichten eines Lügners. Vor dem Landgericht Oldenburg sitzt ein Mann, der sagt, er wolle sich erinnern, wie es wirklich war. Mehr könne er ja für die Angehörigen nicht tun. Und die Hinterbliebenen hängen an seinen Lippen.* »*Wir hatten Glück* (dieser Ausdruck, so unglücklich gewählt, macht das obige Prinzip sehr deutlich), *an unseren Vater hat er sich erinnert*«, *sagt eine Tochter eines Opfers vor der Tür des Saals. Der Vater war der Erste, den Högel in Delmenhorst getötet hat – nur eine Woche nachdem er dort anfing.* »*Aber bei den anderen, an die er sich nicht erinnern kann, die hat er einfach so weggewischt. Als wäre das nichts.*«[61]

Dem unter Umständen wahrscheinlich sehr schwer narzisstisch-gestörten Krankenpfleger Niels Högel wird nach bereits erfolgter

---

[59] *Kohärenz* wird in der Psychologie als ein Zustand beschrieben, der das Chaos nach Schicksalsschlägen wieder in eine Art Lot bringt. Das kann auf verschiedene Weisen geschehen: Einige Menschen verändern radikal eine Konstante in ihrem Leben, von der sie denken, dass sie ihnen nur negative Energie beschert. Andere räumen buchstäblich das Haus oder die Wohnung auf, sortieren und entlasten sich von alten Dingen.
[60] *Süddeutsche Zeitung* vom Donnerstag, 13.12.2018, Seite 3: *An jedem zweiten Tag*
[61] Ebenda

Verurteilung erneut der Prozess gemacht, weil man noch mehr Opfer identifizieren konnte. – Niels Högel injizierte Patienten und Patientinnen in den meisten Fällen tödliche Medikamente, um für sich selbst kleine Momente des Mitgefühls und der Bewunderung zu erzeugen. Minuten nach der Gabe der Medikamente trat häufig ein Herzstillstand ein. Niels Högel, der von seinen Kollegen und Kolleginnen quasi schon sehr mitfühlend als *Pechvogel* bezeichnet wurde (da es immer in seiner Schicht passierte), *eilte dem Sterbenden zu Hilfe* und vollzog eine Reanimierung, die in fast allen Fällen zum Scheitern verurteilt war.

*... ein Medikament, das zu so schweren Herzrhythmusstörungen führte, dass der Mann wiederbelebt werden musste – was Högel ganz besonders gut konnte, wofür er oft gelobt wurde und was er deswegen immer mutwillig herausforderte. Viele seiner Opfer überlebten das nicht.*[62]

Das Foto von Niels Högel ist untertitelt mit: *Wenn man Niels Högel zuhört, dann gibt es keinen, der gut war – außer ihm. Nicht seine Kollegen, nicht die Ärzte. Der Beste sein. Dafür mussten 100 Menschen sterben.* Hier scheint die empfundene moralische Überlegenheit durch. Diese Gefühlswelt ist kaum nachvollziehbar und trotzdem bleibt nur der Weg zu akzeptieren, dass in einigen Menschen[63] diese Art Gefühlswelt verankert ist.

---

[62] Ebenda

[63] Man schätzt den Anteil schwer narzisstisch gestörter Persönlichkeiten auf zwei Prozent. Vorwiegend sind Männer davon betroffen. Das mag sich sozio-kulturell erklären, da die Erziehung von Jungen nicht selten davon geprägt war und in Teilen immer noch ist, dass *ein richtiger Mann nicht weinen darf, keine Gefühle zeigen und immer der Beste sein soll.* Das Buch *Kleine Helden in Not* von Rainer Neutzling und Dieter Schnack, Rowohlt Verlag, Ersterscheinung 1990, machte auf die möglichen Erziehungsfehler bereits vor 30 Jahren aufmerksam.

Laut etlichen Psychotherapeuten ist diese Extremform der Störung nicht therapierbar. Der narzisstisch gestörte Mensch findet sich selbst grandios[64] und sieht keinerlei Anhaltspunkte, in Therapie zu gehen. In seltenen Fällen geschieht dies zwar, allerdings mit zwei möglichen Ausgängen: Auf der einen Seite kann der Leidensdruck groß geworden sein, der entsteht, wenn die narzisstisch gestörte Person in Beziehung treten will und sehr schnell starke Spannungen auftreten. Das Einsehen der eigenen Anteile kann einen Therapieverlauf begünstigen. Das andere Szenario wird zur Manipulation eingesetzt. Innerhalb und außerhalb von Gefängnissen durchgeführte Therapien werden von psychopathischen Narzissten dazu genutzt, sich selbst als einsichtigen Menschen darzustellen. Verurteilte konnten in der Vergangenheit auf Haftlockerungen und auf positivere Gutachten bezüglich der Entlassung hoffen.

*Nach der Straffälligkeit ohne die Überlegenheit auskommen* war das Thema eines Gespräches, das ich mal mit einem Jugendlichen führen durfte. Ich benutze absichtlich das Wort *durfte*, weil ich es nach wie vor beeindruckend finde, zu welcher Reflexion jugendliche Straftäter kommen können, wenn es gelingt, sie aus ihrem Straftatenkreislauf zu nehmen und in Haft zu bringen. Er nahm jede Menge Drogen und erzählte davon, dass man sich unter Kokaineinfluss anderen überlegen fühle, abgesehen davon, dass man dann körperlich zu ganz anderen Leistungen fähig sei, wie zum Beispiel schneller laufen zu können. Für Jugendliche hat es einen hohen Stellenwert und birgt reichlich *Angeber-Potenzial*, wenn man schneller als die Polizei ist.

---

[64] Vergl. Kapitel *Narzissmus*

Empathisch runtergebrochen habe ich beim Überlegenheitsgefühl nachgehakt. Ohne dieses auszukommen ist nicht nur Aufgabe von inhaftierten Straffälligen, egal welchen Alters, es ist die Aufgabe der ganzen Gesellschaft! Julia Shaw hat in der *NDR Talkshow* vom 29.09.2018 sehr eindrucksvoll geschildert, dass die Gesellschaft auch deshalb so am Gefängnissystem festhält, weil sich die Welt dann so übersichtlich in gute und schlechte Seiten einteilen lässt. Wenn Täter in Haft sind, kann die Gesellschaft außerhalb der Gefängnisse von sich selbst ein Bild des *Gutmenschen* zeichnen, ganz egal, ob das der Wahrheit entspricht und ob sie sich selbst analytisch auf der Spur sind oder nicht. Als Gedankenanstoß stellt sie die Aufgabe, dass sich jeder selbst mal eine Situation in seinem Leben vorstellen soll, in der er oder sie etwas gemacht hat, wofür andere schon verurteilt wurden. Das ist vermutlich bei den meisten der Fall. Weiter soll man sich vorstellen, dass man dabei erwischt worden wäre – schon gerät das statische Weltbild ins Wanken.

Dass einige Menschen, von jung bis alt, offensichtlich genau wissen, was sie professionellen Berufsgruppen wie Ärzten, Psychologen und Pädagogen sagen müssen, um ihre perfiden Ziele zu erreichen, schildert das Drama *Sieben Stunden im April*[65], das auf einer wahren Begebenheit beruht. Die Gefängnispsychologin Susanne Preusker therapiert in einem Pilotprojekt in der *JVA Straubing* Sexualstraftäter. Sie selbst wird von einem, den sie vier Jahre therapiert hat, sieben Stunden in ihrem eigenen Büro festgehalten und unter Todesangst sexuell missbraucht. Danach fühlt sie sich, als sei das Leben vorbei.

---

[65] Susanne Preusker, *Sieben Stunden im April*, Goldmann Verlag, 2013, der sexuelle Übergriff eines Häftlings auf sie wurde am 7. April 2009 verübt, Verfilmung 2018 mit Bibiana Beglau, am 13.02.2018 nahm Susanne Preusker sich das Leben

Alle erforschten psychischen und organischen Krankheitsbilder sind in einem Katalog namens ICD 10[66] gelistet worden, um Ärzten Diagnosekriterien und Krankenkassen zusammenhängende Finanzierungs- und Abrechnungssysteme an die Hand zu geben. Die Krankheitsbilder, die unter dem Buchstaben F aufgeführt sind, sind psychologischer Natur. Die narzisstische Persönlichkeitsstörung ist im Rahmen F60–F69 innerhalb der Persönlichkeits- und Verhaltensstörungen nicht mitaufgenommen worden. Das mag auch eine gewisse nachvollziehbare Logik haben, denn in vielen Fällen entwickelt der narzisstisch Gestörte keinen Leidensdruck, ergo keinen Therapiebedarf.

Allerdings kann nicht ignoriert werden, dass die schädlichen Neigungen narzisstisch Gestörter und Borderline-Erkrankter sich selbst und anderen gegenüber beträchtlich sind. Die Suizidrate von Narzissten liegt bei 14 Prozent, eine andere Quelle benennt jeden zehnten Betroffenen und weist auf die Dunkelziffer hin, da sich viele, die diese Störung in erweiterter Ausprägung entwickelt haben, nicht in ärztliche oder psychotherapeutische Behandlung begeben.[67] Manche begehen sogar erweiterte Suizide und nehmen ihre ganze Familie mit in den Tod.

Borderline-Erkrankte lassen das extrem Manipulative im Krankheitsbild vermissen. Bei ihnen konnte man feststellen, dass der mögliche Suizid eher als Drohgebärde oder Erpressungsversuch dem Umfeld gegenüber benutzt wird und es häufig beim Selbstmordversuch bleibt, der mehr oder weniger absichtlich

---

[66] ICD 10: *International Statistical Classification of Deseases and Related Health Problems* – Internationale statistische Klassifikation der Krankheiten und verwandter Gesundheitsprobleme
[67] Vergl. Archiv *BR Bayern 2, Psychologischer Crash*, 12.11.2013

nicht gelingen soll und einen großen Hilfeschrei nach Liebe ausdrückt.[68]

Seltene Krankheitskombinationen von narzisstischer Störung und Borderline-Aspekte in einer Person machen Betroffene nicht mehr einschätzbar und gefährlich, wenn die schädlichen Neigungen Angehörigen aber auch Fremden gegenüber dauerhaft unterschätzt werden.

Das Schädigende sich selbst und anderen gegenüber kann in beiden Gruppen genau umrissen werden, wenn das Umfeld darüber Auskunft geben darf, in welchem Maße es leidet. Das wiederum muss deutlich abgegrenzt werden von der in vielen Fällen sinnvolle Handlung der Hilfegabe und Unterstützung derjenigen, die ihre psychisch kranken Angehörigen betreuen.[69] Tatsächlich lebt die weit überwiegende Zahl der Menschen, die an Depressionen, Demenzen und anderen psychischen Störungen leiden, zurückgezogen.[70]

Der Unterschied zwischen Belastung und Schädigung muss von Profis genau erkannt und den Angehörigen kommuniziert werden,

---

[68] Vergl. *Ich hasse dich – verlass mich nicht, Die schwarzweiße Welt der Borderline-Persönlichkeit*, Jerold J. Kreisman und Hal Straus, Kösel Verlag, 2012, Erstveröffentlichung 1989

[69] Vergl. *Süddeutsche Zeitung* vom 24.01.2018, *Psychisch Kranke brauchen Hilfe, keine Diskriminierung*, Leserbrief von Prof. Thomas Pollmächer, Zentrum für psychische Gesundheit Klinikum Ingolstadt: »Seit 1793 ist die Idee überholt, dass grundsätzlich Irre Verbrecher sind und umgekehrt Verbrecher Irre sind. Damals befreite Philippe Pinel in Paris Anstaltsinsassen von ihren Ketten.« Beim Zusammenlegen von psychischen Störungen und Kriminalität ist es wichtig, nicht in diesen alten Glauben zurückzufallen. Es wäre nur ein erneutes Fallen in ein Muster, das wiederum die Erleichterung verspricht, die Welt in schwarz und weiß, in Gutes und Böses einteilen zu können.

[70] Ebenda

damit jemand nicht aus falsch motiviertem Mitgefühl Schaden nimmt. Beim narzisstisch Gestörten muss angesichts der wissenschaftlichen Erkenntnisse der letzten Jahre, außer der möglichen Selbstschädigung, ein erhebliches Straftatenpotenzial angenommen werden. Dies gilt für alle Bereiche: im Alltag, in der Politik und in der Wirtschaft. Narzisstisch motivierte Menschen, die machtvolle Positionen innehaben, können ein ganzes Unternehmen lahmlegen und mit einem *Shutdown*[71] ganze Regierungen lahmlegen.

Die *WHO* hat im Juni 2018 eine erste Version des ICD 11 publiziert. Der erarbeitete Masterplan enthält eine Eruierung der Sterblichkeits- und Erkrankungsrate.[72] Es könnte in Teilen eine Antwort auf die oben beschriebenen Zusammenhänge sein. In diesem Fall könnte man durch schnelle Diagnostikmöglichkeiten eine justiziable Involvierung herbeiführen, die potenzielle Täter vor der Tat identifizieren, Selbstmordgefährdete vor der Ausführung erreichen und in beiden Fällen das Schlimmste verhindern kann. Der Kreislauf, der aus früheren Opfern spätere Täter macht, könnte dadurch zumindest gestört, wenn auch niemals ganz unterbrochen werden.

Ebenso liegt es in der Verantwortung eines jeden Einzelnen, seinem eigenen Narzissmus auf die Spur zu kommen, davon auszugehen, dass sich das meiste nur in unseren eigenen Gedanken abspielt und man dafür niemand anders die Verantwortung/Schuld geben darf. Ebenso wenig darf man jemanden für die eigenen Ge-

---

[71] Vergl. *Jahreswechsel* 2018/2019, US-Präsident Donald Trump veranlasst einen *Regierungsshutdown*, weil er sich mit den Demokraten nicht auf die Bezahlung der Mauer zu Mexiko einigen kann.
[72] *ICD 11 Joint Linearization for Mortality and Morbidity Statistics*, Project Plan 2015-2018, January 2018

dankenspiele zur Rechenschaft ziehen. Wir müssen auf der Spur des *Täters in uns* bleiben und sollten uns stetig im Sinne einer Solidargemeinschaft entwickeln.

Dass Narziss sich im Wasser spiegelte, ist von symbolischer Bedeutung: Die Menschen um uns herum spiegeln uns und das ist genau das, was Narziss nicht aushalten konnte. Um Korrekturen zu erfahren, ist das Spiegeln der anderen für unsere positive Entwicklung nötig.

Durch Zufall durfte ich mal ein Gespräch über das Christentum mit einem mir fremden Menschen führen. Es stellte sich heraus, dass er handwerklich tätig war und ihn sein eigener Betrieb um die ganze Welt geführt hatte. Er sprach über die verschiedenen Ausprägungen in den Religionen. Er sagte irgendwann: »Das ist das, was Jesus Christus macht. Er spiegelt uns. Es heißt: Wer ohne Sünde ist, werfe den ersten Stein.« Unsere Kultur ist christlich geprägt und möchte die Menschen zusammenführen. Das bedeutet nicht, dass wir missionieren müssen, um das Ziel zu erreichen. Zu einer toleranten und friedlichen Gesellschaft gehört, den anderen zu akzeptieren, so wie er ist. Die Verbindung zwischen Menschen entsteht im Dialog.

Die Initiative *First Togetherness*[73], die von Christoph Rickels ins Leben gerufen wurde, drückt das Bedürfnis danach und die Notwendigkeit dafür in vollem Maße aus. Der Gründer war 2007 in einer Disco und spendierte einer jungen Frau ein Getränk. Deren Freund fand das gar nicht in Ordnung und lauerte Christoph Rickels vor dem Klub auf. Er schlug ihm auf den Kopf, der Schwer-

---

[73] *First Togetherness*, Bündnis für Demokratie und Toleranz, 2016 gegründet von Christoph Rickels nach einer Körperverletzung mit schwersten Folgen

verletzte musste danach für vier Monate künstlich ins Koma versetzt werden. Er kann sich an sein Leben davor nicht erinnern. Ihm wurde gesagt, er sei Sportler und Musiker gewesen. Die Tat entsprang der Annahme, dass es immer noch in Ordnung, ja sogar eine Heldentat sei, wenn man wie im Mittelalter um seine Frau kämpft. Abgesehen von der verachtenswerten Tat möchte ich für die Frauenseite nochmals deutlich proklamieren: *Wir* entscheiden, mit wem wir etwas trinken!

Die Gesellschaft lebt permanent in einem Klima, in dem der eine zum Täter und der andere zum Opfer werden können. Ein Blick, ein Wort oder ein spendiertes Getränk können der geringe Anlass für eine Eskalation sein, die keiner mehr beherrschen kann.

Christoph Rickels ist zu verdanken, dass er uns an den Gedanken erinnert hat, dass *der Mensch am Du zum Ich wird.*[74] Nur im Dialog werden wir zu Menschen. Wir müssen dafür nicht die gleiche Sprache sprechen, um zu kommunizieren. Oft genügen ein paar Worte, ein wohlwollender Blick, ein Lächeln, ein Tanz und der unbedingte Wille zuzuhören!

---

[74] Aussage von Martin Buber, Religionsphilosoph, Schrift von 1923, auch: *Ich und du*, Reclam Verlag, Stuttgart, 2008, vergl. auch Saskia Schuppener, *Frag mich mal*, Antje Damm, Moritz Verlag, 2012

# Thesen und alltäglicher Sexismus in Verbindung mit Kriminalität

*Man kann eine Zunahme von sexualisierter Kriminalität und von psychischen Störungen bei jugendlichen Straftätern beobachten.*[75]

Bei meiner Arbeit mit Jugendlichen in der Schule und jugendlichen Straftätern habe ich über die letzten Jahre festgestellt, dass das Leben, die Sprache und, was ganz besonders besorgniserregend ist, die gegenseitigen abwertenden Beleidigungen immer stärker und immer früher einen sexualisierten Charakter bekommen. Junge Menschen scheinen ihre Sexualität in der heutigen Zeit, die durch die Aufklärung der letzten Jahrzehnte eigentlich natürlicher werden sollte, in extremer und abrupter Form zu entdecken. Wenn sie darüber reden und auch gerade, wenn junge Mädchen schwanger werden, ist es in meiner Wahrnehmung immer der Ausdruck davon, früher erwachsen oder zumindest so wahrgenommen werden zu wollen. Die Sprache ist durchsetzt von Beschreibungen eines sexualisierten Handelns, oft hat dies einen pathologischen Anschein.

Besonders merkwürdig erscheinen mir die Zukunftsperspektiven von Teenie-Schwangeren und Teenie-Müttern, die in Unterrichtsfächern wie *Gesellschaft* oder *Arbeitslehre* über ihre Pläne sprechen. Sie scheinen die bevorstehende Zukunft in das Licht der 50er- und 60er-Jahre zu tauchen. Sie träumen von einem Ehemann, der viel Geld verdient und ihnen ein Haus kaufen kann. Sie möchten gerne ein weiteres Kind, am besten zuerst einen Jungen und dann ein Mädchen. Am liebsten würden sie zu Hause bleiben und den Haushalt und die Kinder versorgen. Woher kommen diese

---

[75] Vergl. *Das Menschenbild und die innere Haltung – wichtiger als körperliche Präsenz, LEB-ZEIT*, 2017

Fantasien? In den seltensten Fällen haben die Teenie-Mütter dies in ihren Herkunftsfamilien erlebt. Möglich ist der Gedanke an das Gegenprogramm: Wenn ein Mensch unter schwierigen Umständen und in eher kaputten Verhältnissen aufgewachsen ist, träumt er sich eine heile Familie herbei. Erstaunlich ist, dass dieses Wirtschaftswunderbild in einer Zeit, in der zwei Drittel der Ehen geschieden werden und in einer Stadt wie Hamburg 50 Prozent der Singles allein in einer Wohnung wohnen, noch so unheimlich stark ist. Mir kommt es vor, als ob sich übernommene Rollenstrukturen mit ihren Krankheiten fortpflanzen.

Sexualität an sich und wie sie sich auf der ganzen Welt zwischen Mann und Frau entwickelt hat, ist ein machtvoller Bereich.[76] Die Zusammenhänge, die in der Gesellschaft und in den verschiedenen Religionen geschaffen wurden, bilden eine feste Struktur. Unter Ausnutzung von bestehenden Strukturen und den verschiedenen Spiegelflächen der Klischees ist es möglich, sehr machtvoll im Rahmen von Sexualität und ihrer Perversion zu handeln. Ein Sexualverbrechen eines Mannes einer Frau gegenüber ist der Ausdruck eines über die Jahrtausende aufgebauten Machtverhältnisses. Die Bewegung *woman make movies*[77] erzählt in ihren Filmen von den Erfahrungen, die verschiedene Opfer gemacht haben.

Frauen können immer wieder leicht geschwächt werden, weil sie sich nicht einig sind. Mehr Solidarität unter Frauen würde jede Einzelne gegen Übergriffe, Ausbeutung und Sexismus machen stärken.[78]

---

[76] Vergl. verschiedene Stellungnahmen von Alice Schwarzer
[77] Vergl. zum Beispiel: Attiya Khan, *A better man*, Kanada 2017
[78] Die faktisch gleiche Meinung wurde von mehreren Frauen aus meinem Umfeld geäußert

In sicheren Strukturen können auch kriminelle Handlungen erfolgreicher vorgenommen werden. Gerade junge Menschen auf ihrer Suche nach Identität sind auch immer auf der Suche nach etwas Sicherheit. Die Seele wird beim Erwachsenwerden auf den Kopf gestellt. Ablösungen finden statt. Vorgegebene Strukturen, und seien sie auf den zweiten, dritten und vierten Blick noch so pathologisch, geben Sicherheit. Sexismus und Rassismus, die nachgewiesenermaßen die gleichen Strukturen haben, bieten ein sicheres Netz. Sie haben sich international wie Autobahnen um die Welt gespannt. Hier wäre es vielleicht geboten, mal ein die eine oder andere Baustelle einzurichten.

Die Me-too-Bewegung bildet diese Art *Baustelle* ab. Frauen, die nach Jahren und Jahrzehnten der Scham an die Öffentlichkeit gehen, sehen sich Rechtfertigungsstrategien der Täter und Diffamierungen aus Gruppen des eigenen Geschlechts ausgesetzt:[79] *Am Dienstag veröffentlichte Le Monde einen offenen Brief, der von hundert mehr oder weniger prominenten Frauen, unter ihnen Catherine Deneuve und Ingrid Caven, unterzeichnet wurde. Verfasst haben ihn fünf Autorinnen, die im Rahmen der »Me Too«-Debatte vor überzogenen Reaktionen und dem »Klima einer totalitären Gesellschaft« warnen. Die Autorinnen, zu denen Catherine Millet und Catherine Robbe-Grillet gehören, schreiben, im Netz finde »eine Denunziationskampagne« gegen Männer statt, und verteidigen »die Freiheit, jemanden zu belästigen, die für die sexuelle Freiheit unerlässlich ist.*[80]

---

[79] Vergl. *Süddeutsche Zeitung* vom 11.01.2018, *Eine Frau kann auch Nein sagen*, gemeinsam mit anderen französischen Frauen verurteilt die Publizistin Catherine Millet die Me-too-Debatte, von Geschlechterkrieg könne längst keine Rede mehr sein
[80] Vergl. ebenda

Catherine Deneuve kann angesichts ihrer Filmografie[81] keine andere Haltung einnehmen. In einigen ihrer frühen Rollen bedient sie pathologische Männerträume in sehr extremer Form. Sie stellt Frauen dar, die dafür geschaffen sind, sich zu unterwerfen, sich mit Lust zu prostituieren und BDSM-Praktiken als zum natürlichen weiblichen Sexrepertoire zu empfinden. Letztendlich ist die Frau in ihren Filmen im Wesentlichen nur ein Objekt männlicher sexueller Begierde. Das ist das absolute Gegenteil von weiblicher sexueller Freiheit und Selbstbestimmung!

Das Buch und der gleichnamige Film *Fifty Shades of Grey* verkauft jungen Mädchen und Frauen die gleiche plumpe Botschaft: Unterwerfung in Form des weiblichen Prototyps im modernen Kontext, überspitzt und erhöht zu der Erkenntnis: die sexuelle Freiheit sei (endlich!) die Freiheit der Frau. Ein erschreckender Rückschritt.

Die Positionen in der Me-too-Bewegung werden hauptsächlich entlang der Geschlechter gezogen. Da sich jedoch auch männliche Geschädigte gemeldet haben, gäbe es hier eine ideale Bruchstelle. Sinnvoll verstanden, könnten sich alle Menschen gemeinsam auf Spurensuche nach denjenigen machen, die machtvolle Positionen für den eigenen Vorteil und die eigene Lust ausnutzen.[82]

*»Wenn Täter eine Reihe Menschen vor sich stehen haben, zählen sie nahezu ab: Opfer, Opfer, kein Opfer, Opfer, kein Opfer ... Die*

---

[81] Vergl. *Belle de jour – Schöne des Tages*, Frankreich, 1967, und einige andere Filme, in denen Frauen massiv sexuell ausgebeutet und misshandelt werden, auch von mehreren Männern gleichzeitig

[82] Im Rahmen der Me-too-Debatte wurde nach Harvey Weinstein auch Kevin Spacey der sexuellen Belästigung bezichtigt, allerdings von einem männlichen Schauspieler

*haben da ein sehr feines Gespür.«* Diesen Satz habe ich in meiner Arbeit mit jugendlichen Straftätern sehr häufig von Bediensteten gehört. Als Lehrerin könnte ich hinzufügen, dass es tatsächlich sehr sensible Schüler und Schülerinnen gibt, die ein außerordentliches Feingefühl für die Unsicherheiten von Menschen, im Schulkontext auch gerade von Lehrkräften haben und das für ihre Zwecke ausnutzen. Überwiegend geht es in solchen Situationen darum, die Lehrkraft aus der Fassung zu bringen, damit Unterricht verhindert wird.

Gegenwärtig kann man den Medien entnehmen, dass das Klima an Schulen gewaltvoller und der Umgang damit immer schwieriger wird. Das Prinzip lässt sich in vielen Fällen darauf reduzieren, dass man seine Mitmenschen, Lehrkräfte sowie Mitschüler mit verbalen oder körperlichen Angriffen so aus dem Takt bringt oder real verletzt, dass eine Unterbrechung des Alltags vollzogen wird oder im extremsten Fall eine besondere Aufmerksamkeit für den Agierenden entsteht. Diese Vorfälle dienen ausschließlich den persönlichen Motiven der Agierenden. Diese können aus einem sinnvollen und subjektiv nachvollziehbaren Grund entstehen oder aus einem sehr geringen, für das Umfeld gar nicht verstehbaren Grund.

Ich selbst möchte hier zwischen schweren Straftätern und den von mir sogenannten zivilen Tätern unterscheiden. Auch möchte ich jugendliches straffälliges Handeln nicht mit dem von Erwachsenen gleichstellen. Das Jugendstrafgesetz nimmt in großem Maße Rücksicht darauf, wenn ein junger Mensch noch im Reifungsprozess ist.

Erwachsene zivile Täter haben häufig einen irgendwie gearteten allgemeinen Platz in der Gesellschaft und möchten diesen nicht verlieren. Eine Tat, die juristisch verfolgt würde, bedroht den Platz in der Gesellschaft. Dieser ist besonders erhaltenswürdig für den Täter, wenn er noch dazu mit einer hohen allgemeinen Anerkennung einhergeht. Hohe Anerkennung geht zum Beispiel von bestimmten

Berufen aus.[83] Aus diesem Grund müssen erwachsene Täter sehr viel manipulativer vorgehen, damit sie nicht entdeckt werden.[84]

Dass junge Menschen die Kunst der Manipulation erst erlernen müssen, zeigt sich auf eine wirklich niedliche Art in Klassenräumen, Schulhöfen und Schultoiletten, die von Graffitis und sogenannten *Tags*[85] geziert werden. Bis zur fünften oder sechsten Klassen unterschreiben die Kinder ihre Schriftzüge und Bilder mit ihrem Namen, sodass man als Klassenlehrer immer weiß, wen man zu einem pädagogischen Gespräch bitten muss. Hier hält sich manipulatives Gedankengut noch sehr in Grenzen. Es beginnt dann damit, dass man den Namen eines anderen darunter setzt. Findigen Pädagogen und Pädagoginnen bleibt dann aber noch die Analyse der Handschrift oder ein Blick in die Kunstmappe.

Im Kreise der Erwachsenen kann das *Abzählen der Opfer* durch das sichere Aufspüren von schamhaft besetzten Lebensthemen des Opfers ergänzt werden. Dies ereignet sich überwiegend in Beziehungen. Da sich bestimmte Menschen durch ihre berufliche Ausbildung oder durch eine gewisse Lebenserfahrung den intellektuellen Hintergrund dafür aneignen konnten, sind ihre Manipulationen oft taktisch klug und durchdacht. Es ist ihnen somit möglich, methodisch vorzugehen und das Wissen über die Ängste und Schwächen des Opfers für ihre Zwecke auszunutzen. So ist es nach der

---

[83] Vergl. die Liste der angesehensten Berufe im Internet; sehr ranghoch stehen zum Beispiel Personen in Pflegeberufen, besonders Ärzte und Polizisten

[84] Vergl. *Psychologie heute*, Ausgabe 11.11.2018, *Manipulation durchschauen*, Seite 18–25, *Manipulative Interaktionsmuster*, Seite 26–27

[85] Schriftzüge an Hauswänden und dergleichen; in Hamburg gibt es ein berühmtes Beispiel: das Schriftzeichen OZ. Über Jahrzehnte hat OZ, bürgerlich Walter Josef Fischer, Hamburg mit diesen sogenannten *Tags* versehen; er bezeichnete sich zeitlebens als Künstler, starb am 25.09.2014

Tat schwieriger für das Opfer, an die Öffentlichkeit zu gehen.[86] Die ganz große Öffentlichkeit ist hier gar nicht gemeint. Es genügt, wenn das Opfer schon daran gehindert ist, sich aus Gründen der Scham dem Freundeskreis nicht öffnen zu können.

Unsere westliche Kultur hat bestimmte Schamthemen seit Jahrhunderten festgelegt. Dazu gehören alle Arten von existenzieller Not, Geld[87] und Sexualität. Sie sind im Laufe der Zeit auch zu unseren persönlichen Schamthemen geworden – besonders zu denen der Frauen. Frauen befinden sich immer noch in einem gewachsenen Geflecht von Abhängigkeiten. Allein wegen dem Umstand, dass sie in der ehelichen Gemeinschaft immer noch den viel größeren Anteil ausmachen, der für die Erziehung der Kinder zu Hause bleibt oder in Teilzeit geht, sind sie um einiges mehr von finanzieller Armut[88] betroffen und existenzbedrohenden Situationen ausgesetzt.

Täter, die im Rahmen einer Partnerbeziehung kriminell agieren, schüren die Ängste der Opfer, aber dies nicht offensichtlich. Vordergründig geben sie vor, jemand anders zu sein, um mit dem Opfer in Beziehung treten zu können. Sie stellen sich selbst als den

---

[86] Sich anderen zu öffnen, ist für Opfer ohnehin eine schwierige Angelegenheit. Charlotte Roche, die ermutigt durch die Me-too-Bewegung gegen den ehemaligen WDR-Filmchef Gebhard Henke Anzeige erstattete, hat sich ausführlich damit beschäftigt, wann es sinnvoll ist, etwas zu sagen, und was man erzählt. Das Umfeld neigt dazu, einem nicht zu glauben. Zu drastisch erscheinen die Erzählungen. Sie sagt eindeutig: »Ein Opfer muss im Durchschnitt siebenmal etwas erzählen, bevor man ihm glaubt.«

[87] Im europäischen Raum spricht man überhaupt nicht über Geld. Die Frage nach dem Verdienst des anderen ist in Deutschland tabu, in Japan hingegen nicht.

[88] Vergl. Kapitel *Armut*

idealen Partner dar und rufen Assoziationen wie *Seelenverwandt-schaft* hervor.[89] Gleichzeitig versuchen sie herauszufinden, wo genau die Stärken, Unsicherheiten (samt Ängsten) und Sehnsüchte ihres Gegenübers liegen. Nachdem sie ein realistisches Bild davon haben, geben sie vor, zufällig die gleichen Sehnsüchte und Leiden-schaften zu haben, und fangen parallel an, die identifizierten Ängs-te in den subjektiv zuzuordnenden Bereichen zu schüren. In Be-ziehungen kann das über einen langen Zeitraum hinweg aufrecht-erhalten werden. Der Täter hat ein großes Interesse daran, eine Person, die leicht manipulierbar ist, möglichst lange an sich zu binden.[90]

Viele kleine Taten bleiben länger unbemerkt und funktionieren wie eine Daumenschraube, die immer enger angezogen wird. So gerät das Opfer immer wieder vorübergehend und nur kurzzeitig in handlungslähmende Situationen und kann sich danach, soweit Vi-talität und Lebenskraft vorhanden, immer wieder freischwimmen. In diesem Klima können sexualisierte Taten besonders gut voll-bracht werden. Sexuelle Abhängigkeiten werden durch die Posi-tionen des Prinzips *Über- und Unterordnung* besonders gut gefes-tigt. Mit dem Blick auf die Gesellschaft siedeln sich auch im se-xuellen Bereich die Überordnung beim Mann und die Unterord-nung bei der Frau an. Kommt es zu mehreren praktischen Erfah-rungen, zementieren sich Abhängigkeiten. Deshalb können zivile Taten, die sich in den Bereichen *Finanzen, Existenz* und *Sexualität* abspielen besonders gut vollzogen und lange verdeckt bleiben. Die gesellschaftlichen Strukturen betten diese Form von Beziehungstat besonders gut ein. Der Anstieg von sexualisierten Taten lässt sich dadurch zumindest für den zivilen Bereich erklären. Besonderes

---

[89] Vergl. Kapitel *Narzisstische Persönlichkeitsstörung*
[90] Vergl. Kapitel *Narzisstische Persönlichkeitsstörung*

Augenmerk müsste auf die Übertragung der Gesetzmäßigkeiten auf Taten gerichtet sein, bei denen sich Täter und Opfer völlig fremd sind.

Ich habe den Eindruck, dass psychopathische Triebtäter, die ihr Opfer mehr oder weniger wahllos aussuchen, bei ihren Taten einem bestimmten und nachhaltig ausgebauten Muster folgen. Serientäter kann man anhand des immer wiederkehrenden gleichen Tatmusters manchmal erfolgreich identifizieren und in Haft bringen. Bei Sexualstraftaten ist dies zum Beispiel der Slip des weiblichen Opfers als Knebel und andere Materialien für Fesselungen an Händen und Füßen. Dieses festgebrannte Muster ist dasjenige, das das *zerstreute und gestresste Täterhirn* zielsicher durch den Tathergang leitet. Es erscheint wenig beeinfluss- noch änderbar.

Ähnlichkeiten sind festzustellen bei Traumareaktionen, den sogenannten *Flashbacks*[91]. In diesen Situationen kann das Hirn nicht mehr auf vernünftige Verarbeitungsstrategien und Reaktionen zugreifen. Der Traumatisierte greift immer wieder auf die gleiche Verhaltensweise zurück, die wie automatisch ausgelöst scheint. In Ruhe und im therapeutischen Gespräch, das in Gefängnissen trotz des dramatischen Hintergrundes um die Gefängnispsychologin Susanne Preusker[92], angeboten werden sollte, kann der gleiche Täter unter Umständen Einsicht und Reue formulieren. In Trieb- und Stresssituationen wird er nach aller Wahrscheinlichkeit darauf keinen Zugriff mehr haben. Vorausgesetzt, die Verbindung zwischen Flashback und routiniertem Täterverhalten existiert in der Realität, würde dadurch die These gestützt, dass eine Vielzahl von Tätern früher auch mal Opfer und traumatischen Situationen aus-

---

[91] Vergl. Kapitel *Trauma und traumatische Belastungsstörungen*
[92] Vergl. Kapitel *Narzisstische Persönlichkeitsstörung*

gesetzt waren. Das fordert die Gesellschaft in hohem Maße auf, eine Unterbrechung des Kreislaufes in Erziehungsziele einzubinden.

Täter sind sehr häufig zutiefst davon überzeugt davon, anderen moralisch[93] überlegen zu sein. Nicht selten erlebt man sogar auf dem großen politischen Terrain Männer, die davon ausgehen, dass sie Frauen in allem überlegen sind. In einer Atmosphäre des alltäglichen Sexismus'[94] sind wir ständig Teil eines wirkenden Prinzips.

Bei meiner Arbeit im Jugendvollzug, in dem ich als *Deutsch-als-Fremdsprache*-Lehrerin[95] tätig war, entstand häufig der Wunsch der Insassen, Materialien mitzunehmen. Dies aus verschiedensten Gründen: Jugendliche Häftlinge verfügen im Gefängnis nur über wenige Gegenstände. Sie sind angehalten, im Gefängnis zu arbeiten, damit sie von dem verdienten Geld Dinge erwerben können. In den meisten Fällen wird der Verdienst in Tabak umgesetzt. Über den Wunsch hinaus, die Sucht zu stillen, entstehen noch andere Bedürfnisse, um dem Leerlauf ein wenig zu entkommen. Es kann zum Beispiel die positive Absicht sein, in der Zelle Vokabeln aufzuschreiben, Hausaufgaben zu machen oder andere Dinge schriftlich festzuhalten. – Selbstverständlich gibt es auch negative Impulse, Schreibmaterialien oder anderes besitzen zu wollen, sie notfalls auch ungesehen zu entwenden, um sie in

---

[93] Vergl. Kapitel *Narzisstische Persönlichkeitsstörung*
[94] S. a. *Süddeutsche-Zeitung*-Magazin, *Nicht mehr mit mir*, Emilia Smechowski, Heft Nr. 4 vom 26.01.2018, Seite 9–13
[95] *Deutsch-als-Fremdsprache* wurde vor einigen Jahren in *Deutsch-als-Zweitsprache* umformuliert, weil man davon ausgeht, dass die deutsche Sprache nicht im Sinne der hier gelernten Zweitsprache, die man für das Reisen ins Ausland braucht, gelernt wird, sondern im Inland möglichst die Qualitäten einer zweiten Muttersprache erlangen soll.

Waffen umzufunktionieren. Täter können mit Kugelschreibern und Anspitzern Waffen bauen und wir mussten in Hamburg unglücklicherweise einen Prozess verfolgen, bei dem der Täter seiner früheren Freundin in der Hauptverhandlung mit einer selbst gebauten Waffe im Gerichtssaal erhebliche Verletzungen zufügte.[96] Die Waffe bestand aus einer Zahnbürste und der Klinge eines Anspitzers.

Bei meiner Arbeit mit Jugendlichen, seien sie mit dem Gesetz in Konflikt gekommen oder befinden sich *nur* in einem kriminellen Dunstkreis und haben *noch* keinerlei Straftaten verübt, bemerke ich immer wieder, dass sich in jedem ein moralischer Seismograf befindet, der oft danach ausgerichtet ist, wie sie selbst Recht und Unrecht erfahren haben. Ist ihnen im Leben viel Unrecht widerfahren, bilden sich moralische Einteilungen und Urteile heraus, die einer Figur oder einem Vorbild in ihrem Leben entnommen sind. Das kann der Onkel sein, der zweimal im Jahr kam und auf irgendeine Art imponierte, auch durch Gewalt, der Großvater, der sich im Gegensatz zu den anderen Familienmitgliedern zugewandt verhielt, oder eine berühmte Persönlichkeit wie Muhammad Ali.[97]

Ich finde es in meiner Arbeit mit jugendlichen Straftätern immer wieder beeindruckend, dass Gespräche möglich sind, die auf vielen Ebenen sehr reflektiert erscheinen und definitiv auch sind. Manchmal steht sogar eine Reflexion im Raum, die man bei Erwachsenen vermissen kann. Dann kann es wiederum vorkommen, dass die jugendliche Prägung einige Dinge wieder vergessen

---

[96] S. a. *Welt.de, Angeklagter attackiert Ex-Freundin im Gerichtssaal* vom 31.01.2017
[97] *Der Feind befindet sich in unseren Mauern. Gegen unseren eigenen Luxus, unsere eigene Dummheit und unsere eigene Kriminalität müssen wir kämpfen*, Zitat von Marcus Tullius Cicero

macht und Gesagtes nicht mehr wichtig scheint. Bei einigen Straftätern lässt sich verfolgen, dass sie immer wieder straffällig werden und häufiger in Haft sind. Bei einigen scheint dies mit dem
Erleben verbunden zu sein, nur in Haft Grundbedürfnisse erfüllt zu
bekommen: das Bedürfnis nach Ansprache, nach Fürsorge in Form
von väterlich wirkenden Bezugspersonen und nach Begrenzung in
Form von Räumlichkeit und Regeln.

Zurück zur Unterrichtssituation: Angesprochen auf die mögliche Entwendung von Gegenständen im Gefängnisunterrichtsraum
reagierten viele empört angesichts der Unterstellung. Selbstverständlich kann man die Meinung vertreten, dass Täter, ob jugendlich oder nicht, grundsätzlich alles abstreiten, was ihnen Kriminalität unterstellt. Das mag bei Erwachsenen sicher mehr zutreffen.
Jugendliche befinden sich noch in den moralischen Reifegraden.
Ihr Verhalten und ihre Aussagen spiegeln wieder, dass sie sich
stark an ihrer Umwelt orientieren, dass sie viele Dinge auch *richtig*
machen wollen. Für einen Jugendlichen, der zum Beispiel eine
Körperverletzung begangen hat, kann es zum moralischen Repertoire gehören, dass man auf keinen Fall klaut. Nicht selten bemerke ich auch jetzt noch in der Arbeit mit straffälligen Jugendlichen,
dass sie, sobald irgendeine Unterrichtssituation an Erfahrenes erinnert, sie sich zum Beispiel im Unterrichtsgespräch melden, um
anzuzeigen, dass sie etwas zu sagen haben. Sie reden nicht einfach
dazwischen, wie man sich das vorstellen mag, bei jemandem, der
schon sämtliche Grenzen übertreten hat.

Ein selbstständiges Verständnis von Moral in einer Demokratie
auszubilden ist nicht leicht. Es gibt jede Menge Einstellungen und
Meinungen zu hören sowie Gewissensfragen zu stellen. Häufig
erscheint es Menschen als einfacher und auch richtiger, nur auf die
Meinung einer einzelnen Person zu hören, weiterhin in dem
Wunsch das *Richtige* tun zu wollen. Dieses Bedürfnis und die

gleichzeitige Unsicherheit im Menschen, macht es Autokraten und Diktatoren sehr leicht, die Rolle des starken Mannes, der alles weiß und auf alles eine Antwort hat[98] zu übernehmen. Ist die Schreckensherrschaft erst durchgesetzt und man beginnt zu merken, dass eine Person nicht in allem Recht haben kann, ist es oft zu spät und man kann dem Klima nicht mehr entkommen.

Ein Täter, der sich seiner Taten zwar bewusst ist, für den aber das eigene moralische Konzept höher gestellt ist als das des Umfeldes, muss immer auf der Hut sein, nicht ertappt zu werden. Die Darstellung der eigenen Person wird möglichst oft in gleißendes Licht getaucht. Dazu ist es nötig, zu lügen. Eine Lüge wird dann mit der nächsten verdeckt.

Täter nennen überwiegend Gründe für ihre Taten: »Ich musste ihn/sie/dich ja treten/schubsen/schlagen, weil …« Durch die Nennung eines Grundes stellt der Täter sein eigenes Moralverständnis, mit dem er auch sich selbst betrachtet (*Ich bin ein guter Mensch, das Verhalten der anderen ist böse*) wieder her.

Auf den Schulhöfen, und im Laufe der letzten Jahre auch zunehmend im Jugendstrafvollzug, kommt es seit einigen Jahren zu tätlichen Auseinandersetzungen, weil *die Familie beleidigt* wurde. Als Lehrerin habe ich mich diesen Auseinandersetzungen zunächst sehr ernst zugewandt, da im Sinne der Streitschlichtung nur Frieden hergestellt werden kann, wenn der sogenannten *Beleidiger* einsieht, dass auch er einen Anteil am Konflikt hat. Im Laufe der Zeit wurde dieser angegebene Auslöser eines Konflikts jedoch inflationär eingesetzt und es war irgendwann in der Schlichtung gar nicht mehr nachweisbar, ob etwas in die Richtung gesagt wurde, und später immer bedeutungsloser, wenn angeblich die Fami-

---

[98] Deshalb darf man nur ihn fragen, nur ihn zurate ziehen und auf keinen Fall eine zweite Meinung einholen

lienehre beschmutzt wurde. Der Aggressor hält diesen Umstand am Laufen, um seine Tat zu rechtfertigen.

Kulturell gesehen ist das Hochhalten der Familie absolut verständlich. Ein Blick nach Italien[99] lässt verstehen, warum mafiöse Familienstrukturen solch starke und überlegene Systeme bilden können. Tatsächlich ist der Grad der Unabhängigkeit in Deutschland sehr hoch. Die Familienstrukturen haben sich etwas aufgelöst, anstelle ihrer sind eine ganze Menge Versicherungen getreten: allen voran die Krankenversicherung, dann die Lebens-, Berufsunfähigkeits-, Hausrat- und Haftpflichtversicherung. Ein tolles Beispiel für bürokratische Lebensweise, ja, aber mal anders betrachtet: Wenn man das alles nicht hat, also in einem Land lebt, in dem das Versicherungssystem kaum kultiviert oder unbezahlbar ist, dann ist eine Familie die Lebensversicherung. Dieser Umstand zusammen mit der hoch emotional aufgeladenen Botschaft *Familie ist alles* führt zu einem so starken Argument, dass dieser Konflikt kaum auflösbar ist. Kein vernünftiger Mensch kann irgendwie den Wert der Familie anzweifeln. Abgesehen davon ist die Zeit zum Diskutieren, wenn das Handgemenge gleichzeitig schon losgeht, relativ kurz.

In letzter Zeit häufen sich die Berichte in der Presse über Clan-Kriminalität. Dabei ist von libanesischen Familien die Rede, die über Jahrzehnte gewachsen ein funktionierendes kriminelles System aufgebaut haben sollen. Diese Berichte machen doppelt Angst: Zum einen, weil unsere freiheitlichen, demokratischen und sozialen Werte in der Waagschale landen, und zum anderen, weil scheinbar rechtsfreie Räume alles Mögliche an Gewalt zulassen.

---

[99] Vergl. ZDF-Dokumentation *Ziemlich beste Nachbarn – Wir und die Italiener, Reise nach Bella Italia* mit Michael Kessler, Film von Annette Koehler und Oliver Halmburger, über *mediathek* abrufbar

Das ist erschreckend und lähmend. Die Clan-Kriminalität macht aus, dass sich Menschen durch Familienverbände einander zugehörig fühlen und niemals verraten würden. Dadurch entsteht das Gefühl, dass in diesem Bereich viele Opfergeschichten geschrieben werden.

Schrecklicherweise ist das Wort *Opfer* in den letzten Jahren zum schlimmsten Schimpfwort auf Schulhöfen mutiert. Das ist der Grund, weshalb man im Schulkontext im Zusammenhang mit dem *TAG*[100] statt von *Opfern* vom *Geschädigten* spricht. Das ist für den Umgang in der Schule das richtige Wort, da die Schüler und Schülerinnen keine Gelegenheit bekommen sollen, den Geschädigten hinterher noch weiter zu demütigen.

Ich bin der Meinung, dass in den Worten ein wichtiger Bedeutungsunterschied liegt und verwende das Wort *Opfer* in diesem Buch deshalb weiter. Wenn man Täterverhalten analysieren möchte, dann beginnt die Spurensuche häufig damit, dass der Täter sei-

---

[100] *TAG*: Täterausgleich, angelehnt an den juristischen Täter-Opfer-Ausgleich kann eine im *TAG* ausgebildete pädagogische Bedienstete in der Schule nach Gewaltvorfällen, die nicht die Schwere haben, dass sie an die Polizei weitergeleitet werden müssen, mit Täter und Geschädigtem ein Gespräch führen. Herzstück des *TAG* ist der Perspektivwechsel. Es geht hier weder um eine Schlichtung noch darum, das Geschehene kleinzureden. Hauptsächlich geht es darum, in beiden Beteiligten eine Empathie für den jeweils anderen aufzubauen. Im besten Fall handelt der Täter in Zukunft anders und für den Geschädigten ist es leichter, die Tat zu verarbeiten, indem er sieht, dass der Täter in einer anderen Situation auch mal Opfer war. Ziel bleibt, letztendlich auch wie im juristischen Kontext, dass der Täter für das Opfer nach dem *TAG* nicht mehr so *monströs* wirkt und der Schulbesuch des Geschädigten aufrechterhalten werden kann und nicht aus Ängsten heraus abgebrochen wird. Die Beratungsstelle für Gewaltprävention in Hamburg bietet die TAG-Ausbildung für Hamburger Lehrer sowie Sozialpädagogen an, die für die Schulbehörde tätig sind.

ne Opfer meistens schon am Anfang sehr sorgfältig wählt. So belanglos es klingt: Nicht jeder Mensch eignet sich für jede Art von Tat. Manche Menschen, und das entdeckt die Täterpersönlichkeit recht häufig und zügig, sind manipulierbarer und verletzlicher bezüglich einer bestimmten Art von Taten als andere. Menschen, und gerade sehr junge, die in bestimmten Bereichen sehr bedürftig sind, laufen Gefahr, in dieser Hinsicht zum Opfer gemacht zu werden. Durch seine Bedürfnisse wird jeder Mensch verletzlich. Wenn der Täter erkennt, dass das Opfer sehr liebesbedürftig ist, weil Liebe in der Vergangenheit des Opfers in großen Teilen fehlte, ist das genau seine Einstiegsluke zur Tat. Er macht das Opfer glauben, dass die benötigte Art sehnsuchtsvoller Liebe genau die ist, die er gerade im Gepäck hat. Nach einiger Zeit wird das Opfer sehr erpressbar und überaus leicht zu demütigen.

Gruppen, die im Rahmen von politisch rechten oder linken Anliegen Gewalt ausüben, nutzen es aus, dass junge Leute Anschluss und Einbindung suchen, die sie in ihrem bisherigen Leben vermissen mussten. Im Namen des *Dschihad* werden junge Kämpfer rekrutiert und im Ausland ausgebildet. Ihnen wird, soweit sie darauf vorbereitet werden sollen, ein Selbstmordattentat auszuführen, im Himmel das Paradies versprochen. Junge Männer, die sich in unserer Gesellschaft einsam und ausgeschlossen fühlen, werden von den gemeinschaftlichen Gefühlen, die ausgestrahlt werden, angezogen, das machen sich auch die diversen rechtsextremen Gruppierungen zunutze. Ebenso das linke Spektrum hat heutzutage die Macht, junge Leute anzuziehen, die vor sinnloser Zerstörung von Gegenständen nicht Halt machen. Im Zuge des G-20-Gipfels Anfang Juli 2017 in Hamburg kam heraus, dass man *linke Krawalltouristen* aus ganz Europa eingeladen hatte. Jegliche Art von Gewalt, unabhängig davon, aus welchem politischen Flügel sie in die Welt gebracht wird, kann kein Mittel sein, ein friedfertiges demokratisches Klima zu schaffen. Aber nur in diesem kann jeder Mensch sich entwickeln und gedeihen. Wir haben nun mal alle verschiedene Meinungen und Haltungen. Für eine Gesellschaft im Sinne von *Diversity* brauchen wir das auch dringend.

Grundsätzlich kann jedem Menschen jeden Tag etwas Schreckliches passieren. Die Statistiken verraten uns allerdings, dass es wahrscheinlicher ist, dass uns von Menschen aus unserem Umfeld, mit denen wir in Beziehung stehen, etwas angetan wird, nicht von Fremden. Eine sogenannten *Zufallstat* ist unwahrscheinlicher als Übergriffe durch Familienangehörige. Kennen sich Täter und Opfer, ist es für den Täter viel leichter, eine Tat zu begehen. Im Allgemeinen vertraut das Opfer dem Täter. Die wenigsten trauen ihren Verwandten, Freunden und Bekannten einen Mord, eine Körperverletzung oder einen Diebstahl zu. Die statistisch häufigste Gewalttat, die von Männern gegenüber Frauen ausgeübt wird, ist die häusliche Gewalt.

Zugefügte Gewalt zu erkennen, ist nicht immer einfach, die Prinzipien dahinter ebenso wenig. Die interkulturelle Beratungsstelle *lâle*[101] in Hamburg berät Opfer von häuslicher Gewalt und Zwangsheirat. Die Mitarbeiterinnen haben ein Plakat entwickelt, das sogenannte *Ankersätze der Gewalt* thematisiert. Es sind Sätze, die Frauen in ihren Beziehungen sehr wahrscheinlich oft hören, die aber die Gewalt nicht deutlich aussprechen, sondern verbal einfädeln, Abhängigkeiten in der Beziehung zu implementieren.

Häusliche Gewalt hat viele Ausdrucksformen. Das Repertoire reicht von psychischer bis physischer Gewalt. Der große Rahmen umfasst finanzielle Ausbeutung, Manipulation, Überwachung

---

[101] *lâle e. V.*, Interkulturelle Beratungsstelle für Opfer von häuslicher Gewalt und Zwangsheirat in Hamburg

(analog und digital), *Gaslighting*[102] bis zum sexuellen Missbrauch. Unter dem Deckmantel der Beziehung, dem notwendigerweise Aufrechterhalten der Fassade (woran die geschädigten Frauen häufig beteiligt sind, weil sie nach außen hin eine perfekte Beziehung darstellen wollen und sich schämen, zu sagen, dass dem eben überhaupt nicht so ist) und dem langsamen Anziehen der verschiedenen Ausprägungsstärken der Taten, kann häusliche Gewalt über Jahre und Jahrzehnte stattfinden.[103]

Beziehungen voller Gewalt hinter sich zu lassen, erfordert enorme Energien und setzt gleichermaßen eine starke Resilienz voraus. Wichtig ist, von seinen Erlebnissen zu erzählen – nachgewiesenermaßen dient das der eigenen Sicherheit. Wenn man einen Kreis von Menschen um sich versammelt, der um die begangenen Straftaten weiß und es sicher einordnen kann, kann man schnell auf nötigen Schutz zurückgreifen, sollte es vonnöten sein.[104]

---

[102] Als *Gasligthting* bezeichnet man eine Methode, bei der die häusliche Atmosphäre manipuliert wird. Die Bezeichnung geht zurück auf das britische Theaterstück namens *Gaslight*. Es stammt von Patrick Hamilton aus dem Jahre 1938. Seit den 60er-Jahren wird der Begriff umgangssprachlich und als psychologischer Fachbegriff verwendet. Genau wie in dem Theaterstück und in einem späteren Film – Lady Alquist mit Ingrid Bergmann – versucht der Ehemann, seine Frau mit Manipulationen am und im Haus in tiefe Unsicherheit, Verwirrung und schließlich in den Wahnsinn zu treiben. *Gaslighting* wird als gefährlichstes Beziehungsphänomen bezeichnet. S. a. Kapitel *Narzisstische Persönlichkeitsstörung*

[103] Vergl. *Süddeutsche Zeitung* vom 20.11.2018, *Gott ist mein Bodyguard* - Alle zwei bis drei Tage wird in Deutschland eine Frau von ihrem Partner getötet, und ebenda vom 21.11.2018, *Für viele Frauen ist das Zuhause ein gefährlicher Ort - 147 weibliche Todesopfer im Jahr 2017*, und: *Wie Silvia verschwand* in *Crime*, Ausgabe Nr. 18, Verlag Gruner + Jahr GmbH, Seite 24–33

[104] Vergl. auch die Zeitschrift *Brigitte* Nr. 5 im Jahr 2019

Der narzisstisch Gestörte[105], der mit seinem Opfer in einer länger anhaltenden Beziehung steht (Freundschaft, Ehe, Kollegium etc.), bedient sich eines bestimmten Repertoires. Das erste Treffen, das erste Kennenlernen ist geprägt von anscheinendem Wohlwollen, im Berufsleben von Kollegialität und in Beziehungen: von *der größten Liebe, die ihm/ihr jemals im Leben begegnet sei.* Eine Art Idealisierung des Opfers am Anfang dient dazu, das Opfer zunächst für sich zu gewinnen. Hat der Täter das Opfer genügend analysiert, indem er dessen Stärken und die Schwächen genau lokalisiert hat, ist es ihm möglich, eine emotionale Abhängigkeit zu erzeugen. Im Rahmen dieser Abhängigkeit ist es leicht, tägliche Abwertung, Mobbing und gezielte Ausbeutung auf das tägliche Programm zu setzen. Zuerst ist die Dosierung ganz fein, später zunehmend. Im Kreislauf von Angst, Wut und Abwertung gefangen, ist das Opfer dann zu beschäftigt, um die originäre Richtung der Anschläge ausfindig zu machen.

Im Grunde müsste sich die Gefahren, in so eine Art Abhängigkeit zu geraten, für Frauen heutzutage verringert haben, da die moderne Zeit mit ihren Emanzipationsmöglichkeiten und weiblicher finanzieller Unabhängigkeit es Frauen möglich macht, sich schnell aus toxischen Beziehungen zu lösen. Man muss jedoch leider davon ausgehen, dass der narzisstisch gestörte potentielle Beziehungspartner mit der Zeit mitgeht und sich auf seine Weise spezialisiert. Die heutigen Formen der Beziehungsanbahnung im Internet bringen neben dem Vorteil, dass man Menschen kennenlernen kann, die man sonst nie getroffen hätte, nicht selten die Erkenntnis, dass das in manchen Fällen tatsächlich besser gewesen wäre. Man kann sein virtuelles Erscheinungsbild derart verändern, dass es

---

[105] Vergl. Kapitel *Narzisstische Persönlichkeitsstörung*

nicht mehr den Menschen vorstellt, sondern eine einzige Manipulation ist. Hinter unterschiedlichen Profilen kann ein einziger Mensch stecken, der die Wünsche und Sehnsüchte seiner Opfer genau studiert hat. (Häufig sind Opfer z. B. bereit, viel Geld zu bezahlen, weil sie glauben, dass da endlich jemand ihre Sehnsüchte erhört hat und *leider nur im Moment gerade in finanziellen Schwierigkeiten steckt*.) Die Täter zu verfolgen ist schwierig, weil die Scheidungs- und Trennungsszenerie für narzisstisch gestörte Ehemänner nochmal zur richtigen Bühne werden kann. Deshalb sind Frauen gut beraten, sich einfach und schnell zu lösen, um die Vorstellung nicht zu verlängern. Die Massenbetrugsfälle im Internet sind im Übrigen sehr schwer zu ahnden, da es schwierig ist, Log-ins zu verfolgen, die in anderen Ländern getätigt werden. Leider muss man davon ausgehen, dass diese Täter immer weitermachen, weil sie selten zur Rechenschaft gezogen werden. Der Gedanke, dass aus dem Spiel zwischen den Geschlechtern Profit und alleinige Aufwertung des Egos gezogen werden, ist erschreckend. Ganz sicher ist der Anspruch der Frauen größer geworden und auch eher verwirrender. Wollen sie nun den Macho, das Alpha-Tier, den Helden? Oder den Gefühlvollen? Ganz sicher wollen sie viel, aber keinen *Helden in Not*![106]

Das überfordernde Streben der (in den meisten Fällen) Partnerinnen, für ihren Partner auch eine Stütze und helfende Therapeutin zu sein, ist häufig ein Motor, in schwierigen und schlechten Beziehungen zu bleiben. Fraglos ist die professionelle Therapie ein wertvoller Schlüssel zu jeder Seele eines Menschen. Diesen Schlüssel sorgfältig benutzen zu können, gerade beim anderen, hat wiederum etwas mit Anstand und Fürsorge zu tun. Gerade wenn

---

[106] Vergl. *Kleine Helden in Not*, Rainer Neutzling und Dieter Schnack, Rowohlt Verlag, Ersterscheinung 1990

man ein fürsorglicher Mensch ist, ist es besonders schwer zu akzeptieren, dass unter uns Typen leben, egal ob fremd oder beziehungsmäßig verbunden, die einen das Fürchten lehren.

Als Mann eine Therapie zu machen, wird von den meisten Menschen heute als *modern* bezeichnet. Es ist weiterhin wünschenswert, dass sich Menschen öffnen, dass sie im Sinne von guten Beziehungen und Ehen Paartherapien besuchen und sich empathisch begegnen. Sehr heiter und zuversichtlich stimmen mich immer die Ausführungen des mexikanischen Tenors Rolando Villazòn. Seine Frau und er haben sich bereits kennengelernt, als beide im 16. Lebensjahr waren. In einigen deutschen Talkshows erklärte er in vorzüglichem Deutsch, dass seine Frau ihm deutlich gemacht habe, dass sie ihn nicht heiraten würde, bevor er eine Psychoanalyse gemacht hätte.[107] Kürzlich gab er bei Giovanni di Lorenzo und Judith Rakers bekannt, dass er nach 30 Jahren mit dieser jetzt aufgehört habe. Es gebe nichts mehr zu sagen. Mit dem Rest müsse er jetzt alleine fertig werden.[108] Es ist eine Freude, diesem Mann zuzuhören. Sein Blick auf die Welt und seine Meinungen sind anschaulich, angenehm zu hören und nachdenklich stimmend. Der Humor ist immer auf seiner Seite. Und dieser spielt eine der ganz großen Rollen im wohlwollenden Umgang mit schwierigen und auch weniger schwierigen Mitmenschen. Solche männlichen Vorbilder brauchen alle Gesellschaften auf der ganzen Welt.[109]

---

[107] Vergl. *DAS! Gäste auf dem roten Sofa*, vom 02.10.2018
[108] Vergl. *3nach9*, 21.12.2018
[109] Vergl. Kapitel *Biologie des Bösen*

# Sexueller Missbrauch

Eine Tat im Kontext eines sexualisierten Antriebs ist und bleibt eine Machtdemonstration.[110] Sie ist deshalb so endgültig und wirksam, weil man mit sexuellen Handlungen in das innerste, meist schamhaft besetzte Terrain eines Menschen einbricht.

Der Hintergrund von selbstverletzendem Verhalten wie zum Beispiel das *Ritzen*, das bei Jugendlichen vorkommt, ist häufig, und hierbei wurde in psychologischen Studien eine Korrelation festgestellt: sexueller Missbrauch. Auch Borderline-Erkrankungen gehen in der Retrospektive häufig daraus hervor.[111]

Sexuelle Nötigung und sexueller Missbrauch sind schwere Straftatbestände. Sollte beim Täter laut Gutachten eine psychische Störung nachgewiesen werden, kann nach § 20 StGB eine Schuldunfähigkeit wegen seelischer Störung festgestellt werden. Der Täter ist somit haftunfähig und wird für die Dauer der Strafe forensisch untergebracht. Ein Anschlussgutachten muss Klärung bringen, ob eine anschließende Sicherheitsverwahrung nötig ist beziehungsweise davon auszugehen ist, dass der Täter in Freiheit erneut Straftaten begeht.

Genauso wie *der alltägliche Sexismus eine Erscheinung ist, die hingenommen wird wie das Wetter*[112], hören wir im Radio nebenbei die Liedzeile *Du willst es doch auch ...*

---

[110] Alice Schwarzer

[111] Vergl. *Psychische Störungen und geistige Behinderungen* Albert Lingg und Georg Theunissen, Lambertus Verlag, Freiburg im Breisgau, 2008, Seite 101 »...gilt zwischenzeitlich als gesichert, dass körperliche Gewalt, emotionale Vernachlässigung und sexueller Missbrauch im Kindesalter bei PatientInnen mit Borderline-Störung überproportional häufig vorkommen.«

[112] Vergl. Kapitel *Sexismus, Rassismus, Fremdenfeindlichkeit und Diffamierungen*

Die Artikel, die davon handeln, dass Frauen in ihrer Kindheit, Jugend oder im Erwachsenenalter sexuellen Missbrauch erfahren haben, aber aus Ressourcen schöpfen konnten, das Erfahrene zu verarbeiten, heißen: *Ich habe Glück gehabt*[113] oder *Welt ohne ich.*[114]

Ein Artikel, der sich mit der Vermutung einer Identitätskrise des modernen Mannes auseinandersetzt, untersucht wissenschaftlich die Psyche von Vergewaltigern und titelt mit *Macho, Rächer und Pantoffelheld zugleich.*[115] Darin heißt es immerhin: *Knapp 14.000 sexuelle Übergriffe, Fälle von Vergewaltigung und sexueller Nötigung wurden hierzulande vom Bundeskriminalamt im Jahr 2016 registriert. Jede siebte Frau erlebt mindestens einmal in ihrem Leben Formen sexueller Gewalt. Das ergab eine repräsentative Untersuchung des Bundesministeriums für Familie, Senioren, Frauen und Jugend. Die Täter: zu 99 % Männer, die in drei von vier Fällen aus dem näheren Umfeld ihrer Opfer stammen, oft sogar in einer Partnerschaft mit ihnen leben. Eine groß angelegte Studie der UN ergab, dass jeder vierte Mann schon eine Frau zum Sex gezwungen hat. In Studien mit US-amerikanischen Studenten gibt sogar jeder Dritte an, er würde eine Frau zum Sex zwingen, wenn es niemals jemand mitbekommen würde.*

Warum tun Männer das? Das ist eine Frage, die sich wahrscheinlich am Ende niemals beantworten lässt. Der Artikel versucht es trotzdem, indem er einmal an das alte Klischee erinnert. Man sagt: *Männer brauchen das, der Trieb, das Testosteron ...* Am Ende gibt es einen Verweis auf die Evolution und es wird behauptet: *Wenn fast jeder dritte Mann dazu bereit ist, eine Frau zu*

---

[113] Vergl. *Süddeutsche Zeitung* vom 08.03.2018
[114] Vergl. *Süddeutsche Zeitung* vom 29./30.09.2018
[115] Vergl. *Welt kompakt* vom 22.03.2018

*sexuellen Handlungen zu zwingen, muss das im Laufe der Evolution irgendeinen Vorteil gehabt haben.*[116] Im Weiteren würde das heißen, dass alles Gute auf der Welt ein Ergebnis der Zivilisation und alles Schlechte auf der Welt nach der darwinschen Regel evolutionär vorgegeben ist, Letzteres insofern unauslöschlich. Wer möchte sich damit abfinden? Kann man sich damit zufriedengeben? Welche Verbrechen passieren da scheinbar im Vorbeigehen? Was tun wir unseren Kindern an, wenn Artikel über sie Überschriften tragen müssen wie: *Alleingelassen im Namen des Volkes*[117] und *Im falschen Film*[118]. Der *Film* ist nicht nur ein Film, sondern es sind kinderpornografische Videos, die sich Kriminalkommissarin Stephanie Tittlus tagtäglich während ihrer Arbeit anschauen muss. Sie stellt mit Schrecken fest, dass eine Art Gewöhnungsmechanismus in ihr entstanden ist. Wer möchte sich *daran* gewöhnen? Sind wir nicht sogar schon daran gewöhnt?

Jagoda Marinic ist eine kroatisch-deutsche Schriftstellerin. Sie sagt, Me-too war ein Gesprächsangebot, doch die Gesellschaft ließ es verstreichen, weil sie mit den schmerzhaften Geschichten nicht umzugehen weiß.[119] Das ist eine Konstante, die wir sofort verändern müssen![120]

---

[116] Vergl. ebenda
[117] Vergl. *Süddeutsche Zeitung* vom 18.01.2018
[118] Vergl. *Süddeutsche Zeitung* vom 21.02.2018
[119] Vergl. *Süddeutsche Zeitung* vom 14./15. Juli 2018
[120] *Arbeitskreis Neue Erziehung e. V. Berlin*, gefördert durch das Bundesministerium für Familie, Senioren, Frauen und Jugend, Extrabrief: *Kinder stark machen - sexuellem Missbrauch vorbeugen*, 3. Auflage 2012, und weiter: *Deutscher Kinderschutzbund, Pro Familia, Beratungsstellen Gewaltprävention, Opferhilfe bei örtlichen Polizeidienststellen, Weißer Ring* (Unterstützung für Opfer und deren Angehörige)

# Krankheitsbilder überprüfen

Schlaflosigkeit und Essstörungen, insbesondere Magersucht, sind Krankheiten unserer Zeit. In den Medien findet man immer wieder Statistiken und Artikel dazu. Junge Mädchen und Frauen scheinen häufiger betroffen. Medizinisch und therapeutisch lassen sich eine Vielzahl von möglichen Ursachen und Gründen generieren. In der Therapie geht es darum, in sich selbst reinzuhorchen und auf Spurensuche zu gehen. In Verhaltens- und Gesprächstherapien ist es möglich, neue Wege im fürsorglichen Umgang mit sich selbst zu finden und zu beschreiten. Die Suche konzentriert sich auf das innere Selbst, nicht auf das der anderen. Kein anderer Mensch kann für das eigene Heil, für die eigene Glückseligkeit in Verantwortung genommen werden.

Mit dem Blick auf die Sage um Narziss und die unerhörte Liebe der Nymphe Echo, scheint die Umwelt eventuell doch eine mögliche Ursache zu sein. Kinder, die bei narzisstischen Eltern aufwachsen, und Personen, die unter narzisstischen Partnern[121] leiden müssen, könnten das Schicksal der Nymphe Echo aufgebürdet bekommen. Da Narzissten ihrem gesamten Umfeld gegenüber eine unscheinbare Fassade aufbauen können, ist es möglich, dass sie gegenüber Außenstehenden, wie zum Beispiel der Jugendamtsmitarbeiterin im Falle der kranken Tochter oder den Scheidungsanwälten im Falle der Trennung von der Ehefrau, extrem besonnen, fürsorglich und komplett unschuldig am Familiendrama auftreten können.

Sie wirken umso stärker und unterstützender, je größer die Schwäche und die psychische Not ihrer Opfer ist. Dass sie selbst

---

[121] Häufig sind die narzisstischen Partner männlich und die leidtragenden Frauen, was nicht bedeuten soll, dass es keine Partnerbeziehungen gibt, in denen das Geschlechterverhältnis ein anderes ist

die Verursacher sind, indem sie die Familie schon jahrelang tyrannisieren, hat selten eine Chance ans Licht zu kommen.

Für getrennte und noch nicht getrennte (aber auf dem Weg dahin befindliche) Ehefrauen gibt es etliches an Literatur[122] und Foren im Internet. Das Lesen bringt zumindest schon mal Klarheit über die eigenen Zustände, die erst mal nicht erklärbar erscheinen. Meines Wissens nach gibt es wenige wissenschaftliche Erkenntnisse und Therapien, die den Gegenstand des narzisstischen Missbrauchs durch den Vater, die Mutter, den Bruder, die Schwester oder anderer Angehörige mit viel Einfluss thematisieren. Eventuell ist es auch angeraten, dass der Kinderschutz sich in Teilgruppen auf diese Art von Missbrauch spezialisiert.

Durch Methoden wie finanzielle Ausbeutung, Triangulation[123], *Gaslighting*[124] und viele Formen, andere Menschen zu Fall zu

---

[122] Vergl. Christine Merzeder, *Wie schleichendes Gift - Narzisstischen Missbrauch in Beziehungen überleben und heilen*, Scorpio Verlag, 2015, Bärbel Mechler, *Mein (Ex-)Partner ist ein Psychopath: Wege aus der Opferfalle*, mankau Verlag, 2017, Onlineforen z. B.: umgang-mit-narzissten.de

[123] In Form von Triangulationen werden Aussagen herangezogen, die angeblich Dritte so oder so ähnlich getätigt haben sollen. Das Ziel dahinter ist, im Falle von Familienbeziehungen die Partnerin oder das Kind zu verunsichern oder zu verletzen und damit ein Klima zu schaffen, das hauptsächlich die Botschaft hat, dass man niemandem vertrauen kann außer dem narzisstischen Partner.

[124] *Gaslighting* geht auf das Theaterstück des britischen Dramatikers Patrick Hamilton aus dem Jahre 1938 zurück. Der Ehemann versucht, seine Ehefrau in den Wahnsinn zu treiben, indem er immer wieder die Gasleuchten eine Nuance runterdreht und, wenn sie es bemerkt und kommentiert, ihr entgegnet, dass sie sich das nur einbilde und das nicht der Realität entspreche. Die Psychologie umschreibt damit das Phänomen von ausgeübter psychischer Gewalt bzw. Missbrauch. Das Opfer soll in höchstem Maße die Orientierung verlieren, um noch besser manipuliert werden zu können.

bringen, ist es den Opfern entweder gar nicht so bewusst, was da mit ihnen geschieht, oder sie bemerken Ungereimtheiten, können es aber nicht formulieren oder schämen sich zu sehr dafür, um damit an die Öffentlichkeit zu gehen.

Die Opfer dieser Zusammenhänge fühlen sich nach Jahren des Terrors wie *vom Zug überfahren*.[125] Dieses Gefühl wird sehr stark von einem weiteren grundlegenden Prinzip befeuert: dem sogenannten *Silent Treatment*.[126] Der Ausschluss von Kommunikation lässt Menschen in einem sehr einsamen Regen stehen. Verzweifelte Versuche, Gefühle zu klären, werden blockiert und verweigert. Für den Menschen als soziales Wesen ist das wie eine folterähnliche Strafe.

Der Film *1000 Arten Regen zu beschreiben*[127] nimmt das Phänomen, das sich unter Jugendlichen in Japan Raum gegriffen hat, mit nach Deutschland. Die Leistungsgesellschaft Japan fordert von allen Schulabgängern harte Aufnahmeprüfungen für Weiterbildung, unabhängig davon, ob sie eine Universität besuchen oder einen anderen beruflichen Weg gehen wollen. Einige Jugendliche beantworten diese Überforderung damit, dass sie in ihr Zimmer gehen, es abschließen und nicht mehr herauskommen. Der Film stellt das Problem mit sehr guter Besetzung in einer Kleinstadt in Deutschland dar. Die Familie um den Jungen, den man nie zu Ge-

---

[125] Vergl. Christine Merzeder, *Wie schleichendes Gift - Narzisstischen Missbrauch in Beziehungen überleben und heilen*, Scorpio Verlag, 2015
[126] *Silent treatment* umschreibt das Schweigen, mit dem Opfer umgeben werden; den Abbruch jeglicher sinnstiftender Kommunikation oder die absolute Kontrolle über das, worüber gesprochen werden darf oder nicht. Das Reglement erfolgt über die alltägliche Kommunikation, über Kommunikation in der Krise und geht bis zum Blockieren in der digitalen Welt.
[127] *1000 Arten Regen zu beschreiben*, Regie: Isabel Prahl, 2018

sicht bekommt, reagiert mit drei unterschiedlichen, jedoch sehr stereotypen Verhaltensweisen:

Die Mutter sucht sich im alten Freundeskreis des Jungen einen Ersatzsohn, den sie unterstützen und bemuttern kann.

Der Vater pendelt zwischen Verzweiflung und Wut. Seine Arbeit besteht daraus, Rehabilitationsmaßnahmen für Pflegebedürftige zu beantragen. Ein gelähmter Mann, der nicht mehr sprechen kann, soll einen Sprachcomputer bekommen, der auf Luftzug reagiert. Dieses Gerät ist sehr teuer und wird von der Krankenkasse abgelehnt. Daraufhin geht der Vater auf Reisen und trifft sich mit einem ausländischen Vertreter für diese Sprachcomputer. Am Ende bricht er in dessen Wagen ein und klaut das Gerät, um es dem Patienten zur Verfügung zu stellen.

Die Schwester gerät von einer missbräuchlichen Situation in die andere.

Und dann ist da noch der Hund. Der hat an der Tür des Sohnes eine richtige Kratzspur hinterlassen und wird deshalb im Tierheim untergebracht, weil diese offensichtliche Verzweiflung keiner in der Familie mehr ertragen kann. Am Ende zieht die Familie aus, weil nichts mehr hilft.

Der Film macht uns darauf aufmerksam, dass wir Kommunikation wie die Luft zum Atmen brauchen. Wohlgemerkt die Kommunikation, die dem Gegenüber Verständnis zeigt. Die Erziehung zum sozialen Menschen findet im Dialog statt. Der Sohn in diesem Film leidet zweifellos an einer psychischen Krankheit. Sie braucht in diesem Fall keine Diagnose, keinen Namen. Im Zentrum der Aussage des Filmes steht, dass Menschen sich gegenseitig sehr schwer schädigen können, wenn sie sich der Kommunikation entziehen. In vielen Familien tritt das in Form des Ignorierens auf. Man ignoriert den anderen über Tage, um ihn zu bestrafen. Im Freundeskreis und auch darüber hinaus, habe ich häufig gehört, dass die schlimmste Strafe nie das Schimpfen oder gar das Schlagen war – es war immer das Ignorieren.

Im Strafgesetzbuch wird laut § 20 auf die Schuldunfähigkeit wegen seelischer Störungen Rücksicht genommen. Es heißt dort: *Ohne Schuld handelt, wer bei Begehung der Tat wegen einer krankhaften Störung, wegen einer tief greifenden Bewusstseinsstörung oder wegen Schwachsinns oder einer schweren seelischen Abartigkeit unfähig ist, das Unrecht der Tat einzusehen oder nach dieser Einsicht zu handeln.*[128]

Neben einer narzisstischen Persönlichkeitsstörung, die nicht in jedem Fall ein Verhalten zutage bringt, das andere so schädigt, dass es justiziabel wird, aber noch genügend unangenehm für andere bleibt, gibt es auch andere Krankheitsbilder, die damit einhergehen, dass die betroffene Person entweder sich selbst oder andere leicht bis massiv schädigt:

Manie-Erkrankte geraten sehr schnell in selbstschädigendes Verhalten. Durch ein hohes Aktivitätsniveau bis hin zum Größenwahn können sie durch mangelnde Konzentrationsfähigkeit, distanzlosem Verhalten und der Neigung, zu viel Geld auszugeben, starke körperliche und hohe finanzielle Schäden davontragen. Gleiches können sie im selben Maße anderen zufügen, sogar dreierlei: psychischer, körperlicher sowie finanzieller Art.

Bei der Aufdeckung, dass hilfesuchende Geschädigte Gewalt und Missbrauch in diesen Zusammenhängen erfahren haben, muss man immer Vorsicht walten lassen: Auf keinen Fall darf man Tätern im Schnellschuss psychische Krankheiten unterstellen. Die

---

[128] Vergl. StGB § 20. Wichtig ist: Die Bezeichnungen über die Verhaltensart oder Krankheitsbilder von Menschen sind juristische Begriffe und werden psychiatrisch-diagnostisch nicht verwendet.

ungenaue Prüfung kann unerwünschte Folgen haben: Die Täter werden entweder in die *psychisch kranke Ecke* gestellt, was zur Verfestigung von Vorurteilen gegenüber psychisch Kranken führen kann, oder zu schnell als *schuldunfähig* entlastet. Selbst bei einer schweren narzisstischen Persönlichkeitsstörung oder Manie im Zusammenhang mit schweren Straftaten ist es nicht immer angeraten, diese Taten polizeilich und juristisch verfolgen zu lassen. Es klingt bitter, aber diese Verfolgung führt in einigen Fällen zu einer erlebten Selbstaufwertung des Täters, einen Genuss für ihn. So ungerecht es scheint, ist es in manchen Fällen angeraten, langsam den Kopf aus der Schlinge zu ziehen und den Rückzug anzutreten. Wie an einem langweilig gewordenen Spielzeug verliert der Täter dann die Lust. Das gibt ihm das Störungsbild auch vor, sollte es bestehen. Der Rückzug sollte therapeutisch begleitet werden, denn die Wiederherstellung der Selbstwirksamkeit ist erklärtes therapeutisch Ziel und unabdingbar für Resilienz.

# Realer Täter-Opfer-Ausgleich

1994 fielen in Ruanda die Hutu über die Tutsi her. Dabei mussten fast eine Million Menschen sterben, Hunderttausende Frauen wurden vergewaltigt.[129] Danach waren einige Ruander mit der Situation konfrontiert, dass Täter und Opfer teilweise weiterhin gemeinsam im selben Dorf leben mussten, oft sogar als Nachbarn, Tür an Tür. Die Armut brachte fast alle in die Lage, ihr Dorf nicht verlassen zu können. Diese Situation brachte engagierte Menschen, unter anderem auch einen jungen Priester[130] auf die Idee, Versöhnungsprogramme zu entwickeln. Wenn man mit Menschen gemeinsam in einer Dorfgemeinschaft leben muss, die die Mörder der Eltern oder die Vergewaltiger der Geschwister sind, dann füllen sich die Tage nicht mit Vergessen, sondern mit Hass.

*Mbyo heißt das weit über die Grenzen Ruandas bekannte Dorf, das seine Bekanntheit einer Besonderheit verdankt, die während seiner Entstehung unglaublich war: ein Dorf, in dem Hutu und Tutsi, Täter und Familien der Opfer wie Jaqueline, Tür an Tür leben. Das Dorf ist die revolutionäre Idee eines jungen Priesters, selbst ein überlebender Tutsi. »Wie sollen wir in diesem Land jemals wieder glücklich werden?«, fragte er sich und wusste: Ohne Verzeihen würde es nicht gehen. Er ging in ein Gefängnis und stellte sich mit zitternden Knien vor die Männer, die auch Mitglieder seiner Familie umgebracht hatten. Hutu, die mittlerweile von der neuen Regierung für ihre Taten verurteilt worden waren. Als er sich an die Situation erinnert, berichtet er von den Zurufen der*

---

[129] Vergl. *Frankfurter Allgemeine Reportagen* online, *Ruandas Kinder des Hasses* vom 05.04.2010

[130] Vergl. *Robert Bosch Stiftung* online, *Vergangenheitsbewältigung in Ruanda: Der Weg der Vergebung*, Linda Tutmann im Juli 2018

Gefangenen, die ihm entgegenhallten: »Warum ist er noch am Leben?«, riefen sie. »Er ist ein Tutsi! Wir sollten ihn umbringen.« »Ich komme nicht, um euch anzuklagen«, rief der Priester. »Lasst ihn reden«, sagten sie dann. »Danach können wir ihn immer noch umbringen.«

Dieser Mann ist Bischof Deogratias Gashagaza, er nennt sich selbst: Bishop Deo. Er wollte diese Männer verändern. Alle zwei Wochen ging er in das Gefängnis und sprach mit den Männern über ihre Taten, über Gott, seinen Glauben und las mit ihnen in der Bibel. »Ich habe sie als Menschen gesehen, nicht als Tiere«, sagt er.[131] »Sie haben gelernt, mir zu vertrauen.« Was passiert mit den Tätern, wenn sie aus dem Gefängnis rauskommen?, fragte sich der Geistliche damals. Flammt der Hass wieder in ihnen auf?[132]

Ein Programm der Entwicklungshilfe *CARSA*[133] installierte Workshops, an denen Hutu und Tutsi gleichermaßen teilnehmen konnten, um einen Weg zur Vergebung zu finden. Das Experiment: Sie gaben jeweils Opfer und Täter eine Kuh zur gemeinsamen Pflege. Fortan war die Kuh das Kontaktmedium. So mussten sie nicht miteinander sprechen, wenn sie nicht wollten oder konn-

---

[131] *Mit Tätern zu arbeiten, verändert die Welt*, sinngemäß nach Julia Shaw. Gefängnisse sind für das Überleben einer Solidargemeinschaft in dieser veränderten Welt notwendig. Mit verurteilten Tätern zu kommunizieren und mit ihnen über ihre Taten zu sprechen, ist der einzige Weg, in ihnen eine Veränderung zu bewegen. Gefängnisse und Arrest-Stationen bieten den institutionellen Rahmen dafür, der Gesprächspartner kann sich nicht entziehen, muss es ertragen, weiter gespiegelt zu werden. Die Begegnung mit Respekt und Achtung mit einem Menschen, der auch, aber nicht nur aus seiner Tat besteht, ist der Schlüssel zum Gespräch.
[132] Vergl. ebenda
[133] Vergl. *chrismon* im Juli 2014, *Claudine und der Mörder ihrer Brüder*, Niklas Schenck und Lukas Augustin

ten. Sie konnten sich aber gegenseitig Milch mitbringen oder deutlich machen, dass jemand die Pflege für den Tag übernimmt und jemand anders Pause machen darf.

*Später bekamen Innocent und Wellars gemeinsam eine Kuh von CARSA. Innocent hielt sie, aber sie teilten Milch und Dünger und Wellars brachte Futter. Sie fällten Bäume und bauten einen Stall, und sie führten sie zu einem Bullen, zum Besamen. Wer in Ruanda eine Kuh besitzt, gilt nicht mehr als arm.*[134]

Über Erlebtes zu reden, ist das, was Menschen hilft, über Schreckliches hinwegzukommen, Dinge und Situationen neu einzuordnen und zu bewerten. Irgendwann kommt für die einen schneller, für die anderen langsamer der Moment, an dem alles gesagt worden ist und weiteres Reden keine Erleichterung mehr verschafft. Dann ist es in Ruanda die Kuh, die das Band zwischen Menschen weiterhin hält.

Es gibt auf der Welt weitere Situationen, die die Zerrüttung ausdrücken, die zwischen Menschen gesät werden kann, wenn zum Beispiel Kolonialmächte sie glauben lassen, dass sie zwei Rassen oder Bevölkerungsgruppen[135] angehören, wenn Territorialkämpfe mit Nationalismus angereichert werden[136] oder unterschiedliches Verständnis von Religion nicht vereinbar ist.[137]

---

[134] Vergl. ebenda
[135] wie bei den Hutu und Tutsi
[136] wie bei der ETA, vergl. *Süddeutsche Zeitung, Das blutige Puzzle - Zwei Familien, unendliche Verstrickungen*: Der baskische Autor Fernando Aramburu erzählt in seinem großen Roman *Patria* von Opfern und Tätern der Eta, vom 24.1.2018
[137] Katholiken und Protestanten in Irland, Terrorismus des IS, der im Namen des Islams agiert und grundlos voller Hass mordet, indem er Menschen manipuliert und für seine Zwecke radikalisiert und benutzt

Die Menschen haben unfassbare Kriege hervorgebracht, die begangenen Kriegsverbrechen sind unfassbar. Am Ende leiden alle, Opfer wie Täter.[138] Grausamerweise können sich Täter in Fällen von *Töten auf Befehl* ihren Taten nur bis zu einem gewissen Punkt stellen. Würden sie weiter in die Reflexion gehen, könnten sie als Seele[139] nicht überleben.

*Dass da etwas nicht stimmte, dass My Lai kein Dorf voller bewaffneter Vietcong-Kämpfer war, sondern voller wehrloser Zivilisten, merkte Hodges schnell. »Aber wir hatten unsere Befehle, die galten weiterhin.« Dass er als Soldat die Pflicht gehabt hätte, einen illegalen Befehl zu verweigern, sei ihm nicht einmal in den Sinn gekommen. »Einen illegalen Befehl? Ich wusste nicht, dass es das gab.«[140]*

*Im Prinzip weiß eigentlich jeder Mensch, was Anstand ist und was sich gehört.*[141] Axel Hacke hat ein fantastisches Buch über den Anstand geschrieben. Es ist so besonders berührend, weil den oben zitierten Satz jeder Mensch kennt und das ganz sicher seit Kindesbeinen an. Das bedeutet nicht gleichzeitig, dass jeder Mensch mit der Beschallung durch diesen Satz auch eine wunderbare, stärkende und gewaltfreie Erziehung genossen hat. Denn diese Form von

---

[138] Vergl. *Süddeutsche Zeitung, Der Sündenfall*: Eines der schlimmsten Kriegsverbrechen der US-Armee fand im März 1968 in Vietnam statt. Es veränderte alles – und wirkt bis heute nach. Besuch bei einem Täter und einem Opfer, vom 08.03.2018

[139] In der Therapie können sich Menschen je nach intellektueller und reflektorischer Fähigkeit ihren Verantwortungen nur bis zu einem gewissen Grad stellen. Irgendwann *wird es der Seele zu schrecklich* und sie verschließt sich aus existenziellen Gründen der weiteren Spurensuche

[140] Vergl. ebenda

[141] Vergl. Axel Hacke, *Über den Anstand in schwierigen Zeiten und die Frage, wie wir miteinander umgehen*, Verlag Antje Kunstmann, 2017

Kindheit korreliert in einem hohen Maße mit einem späteren selbstsicheren, zufriedenen und ausgeglichenen Erwachsenen, der selbstwirksam agieren und anderen Liebe und fürsorgliche, empathische Aufmerksamkeit schenken kann. Die Frage *Was ist Anstand?* könnte jeder Mensch ohne Zögern beantworten. Ganz sicher wären nicht alle Antworten gleich, vermutlich hätten sie jedoch in irgendeiner Form einen Zusammenhang mit den Zehn Geboten. Vielleicht wäre die Gewichtung verschieden, vielleicht wäre diese oder jene Sünde für den einen nicht so gravierend wie für den anderen, aber im Grunde weiß jeder, was sich gehört und was nicht.

An einer Stelle verweist Axel Hacke auf eine Stelle in dem Buch *Der erste Mensch* von Albert Camus.[142] Der Vater des Protagonisten Jacques hat im Ersten Weltkrieg als Algerier an der Seite der Franzosen kämpfen müssen. Bei einem abendlichen Wachgang finden sie mehrere Offiziere der gegnerischen Armee grauenvoll zugerichtet. Man hatte ihnen die Genitalien abgeschnitten und in den Mund gestopft. *Levesque, der überlegte, hatte erwidert, daß für sie Menschen so handeln müßten, daß man in ihrem Land wäre und daß sie alle Mittel anwendeten. Cormery hatte seine sture Miene aufgesetzt. »Vielleicht. Aber sie haben unrecht. Ein Mensch macht so was nicht.«*[143]


Ich finde es nach wie vor wichtig, dass der Zweite Weltkrieg und die grauenvollen Folgen des Nationalsozialismus ein wichtiger Baustein im Lehrplan der deutschen Schulen ist und bleibt. Nach

---

[142] Vergl. Albert Camus, *Der erste Mensch*, Rowohlt Verlag, 1995, im Original erschienen im Jahr 1994 unter dem Titel *Le premier homme*. Camus konnte das Werk vor seinem Tod nicht fertigstellen, es wurde anhand seiner Aufzeichnungen im weitesten Sinne rekonstruiert.
[143] Ebenda Seite 61

der Lektüre Camus' kam mir der Gedanke, dass eine genauere Analyse der Beweggründe des Ersten Weltkrieges mindestens die gleiche Wichtigkeit hat: Zur gleichen Zeit, nämlich 1914, haben auch Menschen gehandelt, deren moralischer Geist bis heute anhält.

Ebenfalls in einem Deutschkurs, in dem ich als Lehrerin eingesetzt war, lernte ich den Schüleraustausch kennen, der durch den *AFS* organisiert wird. Ein Teilnehmer erzählte mir die Gründungsgeschichte, die mich fasziniert hat.

*1914 – unter dem Namen »American Field Service« (AFS) – retten freiwillige Sanitätswagenfahrer Verwundete von den Schlachtfeldern des Ersten Weltkrieges. Auch im Zweiten Weltkrieg ist AFS mit Hunderten von freiwilligen Fahrern weltweit aktiv. 1946 – nach dem Ende des Zweiten Weltkrieges – kommen AFS-Sanitätswagenfahrer in den USA zusammen, um über die Zukunft des »American Field Service« zu entscheiden: Die Veteranen beschließen, Jugendaustauschprogramme ins Leben zu rufen mit der Vision, das Verständnis zwischen den Kulturen zu fördern und damit den Weltfrieden zu sichern.*[144]

1948 fahren die ersten beiden deutschen Schüler mit der *AFS* in die USA, 1949 folgen zwei Schülerinnen. 1952 verbringen schon 54 amerikanische Schüler ihren Sommer in Deutschland. Verfolgt man die Gründungsgeschichte weiter, merkt man, dass die Anzahl der Austauschschüler immer größer wird und sich in vielen Ländern Organisationssysteme bilden, die den Austausch im Hintergrund unterstützen. 2014 feierte der *AFS* das 100-jährige Jubiläum.

Der Schüler aus Ecuador, der mir vom *AFS* berichtete, leitete es mit den wunderschönen Worten ein: *»Die Philosophie hinter AFS*

---

[144] Vergl. *AFS Interkulturelle Begegnungen e. V.* Homepage

*ist, dass du mit deinem Freund keinen Krieg machst. Deshalb sollen sich die Menschen überall auf der Welt kennenlernen.«* Er verbringt ein ganzes Jahr in Deutschland. Es beginnt mit einem vierwöchigen Sprachkurs in einer größeren Stadt in Deutschland und dann haben sich die Teilnehmer für verschiedene Programme in der Pflege oder im Umweltschutz beworben. Sehr häufig ziehen sie dann weiter in kleinere Städte oder Dörfer, um dort ihren sozialen Dienst zu verrichten.

Aus einer Zeit, in dem der Erste Weltkrieg begann, kommen starke Stimmen und Taten, Prävention zu leisten. Die Botschaft dahinter ist immer gleich: Freundschaft und Solidarität verhindern Kriege!

*Weitergeben an die, die nach uns kommen. Die Auseinandersetzung mit der eigenen Geschichte – und mit der der anderen – ist nicht nur ein sich selbst genügendes In-Erfahrung-Bringen von Ereignissen und Fakten, sondern immer ein Erkenntnisprozess, der unmittelbar in unser praktisches Handeln hineinwirkt. Ein Geschichtsbewusstsein bietet zwar nie eine letzte Garantie dafür, dass das Unmenschliche nicht wieder geschehen kann, aber doch eine gewisse Sicherheit dafür, dass das, was einst hart erkämpft wurde, immer wieder neu erkannt, bewahrt und verteidigt wird: Menschenrechte, Demokratie, Freiheit, Gleichheit, Brüderlichkeit. Ein Geschichtsbewusstsein macht uns klar, was kostbare Errungenschaften sind, gerade in einer Zeit, in der es scheint, als seien sie selbstverständlich geworden. Es fordert uns immer wieder auf, das, was uns wertvoll geworden ist, zu schätzen, es zu schützen und zu bewahren, um es irgendwann denen weiterzugeben, die nach uns kommen.*[145]

---

[145] Vergl. *Psychologie heute,* Heft 5, Mai 2019, *Versunken in Geschichtslosigkeit,* von Martin Hecht, Seite 31–34

Wie stark der Wunsch nach Klärung und Vergebung anhält und über Generationen weitervererbt werden kann,[146] zeigt auch ein Artikel in der *Hinz und Kunzt*, in dem beschrieben wird, dass die Nachfahren der Nama und Herero eine Aufarbeitung der Verbrechen, die in der Kolonialzeit verübt wurden, bis heute einfordern.[147]

Im *UKE* (Universitätsklinikum Eppendorf) lagert seit Jahrzehnten ein Herero-Schädel. *Den Menschen, dem der Kopf gehörte, trieben deutsche Soldaten 1904 im heutigen Namibia vermutlich in die Wüste, wo er verdurstete.*[148] Esther Muinjangue sprach 2018 im Hamburger Rathaus vor Mitgliedern der Kulturbehörde. Er kam nach Hamburg, um den Schädel für ein Begräbnis nach Namibia zu überführen. Zur gleichen Zeit hatten die CDU/CSU und SPD die Aufarbeitung kolonialen Unrechts als Regierungsziel in den Koalitionsvertrag aufgenommen.[149] Die Bundesregierung plante die Rückgabe allerdings erst für den Sommer – ohne Angabe von Gründen.

Frau Muinjangue sagt, *sie fühle sich wie die Urenkelin des Schädels. Denn als Sprecherin des »Ovaherero Genocide Commit-*

---

[146] Vergl. auch Kapitel *Trauma und posttraumatische Belastungsstörungen* sowie das weiter zu erforschende Phänomen, dass die erlittenen Traumata aus dem Zweiten Weltkrieg von den sogenannten *Kriegskindern* an ihre Kinder und Kindeskinder weitergegeben wurden. In den USA spricht man von der sogenannten *Internal Depression* bei Nachfahren von Sklaven und dunkelhäutigen Menschen, die einer extremen Form von Rassismus ausgesetzt waren. Die Belastung lebt in den nachfolgenden Generationen weiter.

[147] Vergl. *Hinz und Kunzt, Die Wunden sind noch nicht verheilt*, Text von Benjamin Laufer, Ausgabe 303, Mai 2018, Seite 14–15

[148] Vergl. ebenda

[149] Vergl. *Süddeutsche Zeitung*, 12.02.2019, *Gebremst engagiert*, Jörg Häntzschel

tees« setzt sich die Dozentin für soziale Arbeit und Wiedergutmachung ein.[150] Die deutschen Soldaten haben sich in großem Maße
am Völkermord an den Nama und den Herero beteiligt. *Der Befehl
von Generalleutnant Lothar von Trotha war mehr als deutlich:
»Innerhalb der deutschen Grenze wird jeder Herero mit oder ohne
Gewehr, mit oder ohne Vieh erschossen, ich nehme keine Weiber
und keine Kinder mehr auf, treibe sie zu ihrem Volke zurück oder
lasse auch auf sie schießen.« Bis zu 100.000 Menschen starben, 80
Prozent der Herero und die Hälfte der Nama verloren ihr Leben.*[151]

*»Wir sind diejenigen, die immer noch den Schmerz spüren«,
sagt sie. Die Wunden der Vergangenheit sind noch nicht verheilt.*[152]

Die Zeit für eine Wiedergutmachung läuft niemals ab. Das ist
mir beim Lesen dieses Artikels ganz klar geworden. Es geht in
dieser Hinsicht nicht mehr darum, die wirklich Betroffenen von
ihrem Leid zu erlösen. Das geht nicht mehr. Wir sollten aber jetzt
den Mut aufbringen, Menschen um Vergebung zu bitten, die uns
deutliche Signale geben, dass sie darauf warten. Und wir müssen
alle in jeglicher Form gegen das Vergessen kämpfen – einheitlich.
Um Vergebung zu bitten, hat enorm heilsame Kräfte!

Gewalt unter Menschen kann sehr komplexe Formen einnehmen,
besonders wenn innerhalb eine Volkes einmal Seite an Seite ge-
kämpft wurde, jedoch auch unter und zwischen ihnen kriegsähnli-
che Situationen entstanden sind wie zum Beispiel in Nordirland.

---

[150] Vergl. ebenda
[151] Vergl. ebenda
[152] Esther Muinjangue bei ihrer Rede im Hamburger Rathaus

*Unsere Toten, eure Toten:* [153] *Seit dem 17. Jahrhundert kam es auf der irischen Insel immer wieder zu Konflikten zwischen wohlhabenden protestantischen Siedlern aus Großbritannien und ansässigen Katholiken. Als die Republik Irland 1922 ihre Unabhängigkeit erklärte, behielt Großbritannien die Kontrolle über Teile der nordöstlichen Provinz Ulster, das heutige Nordirland. Ende der 1960er-Jahre eskalierte die Situation: der Beginn der sogenannten Troubles. Auf der einen Seite standen katholische Nationalisten, die die Wiedervereinigung mit der Republik Irland anstrebten, auch Republikaner genannt. Auf der anderen protestantische Unionisten, die sich Großbritannien zugehörig fühlten. Über 3600 Menschen verloren ihr Leben bei Anschlägen und Schießereien. 47000 wurden verwundet.* [154] »Wenn mich einer um Vergebung bitten würde, wäre das ein Anfang«, sagt Stella Robinson, die ihre Eltern 1987 beim Anschlag am Kriegsdenkmal verloren hat und deren Geschichte in dem Artikel porträtiert wird.

Menschen neigen im Allgemeinen dazu, individuelle Taten nach Schwere und Folge nach einem ganz subjektiven Ranking miteinander zu vergleichen und zu bewerten. [155] Das ist menschlich verständlich, jedoch sehr hinderlich für den Akt der Wiedergutma-

---

[153] *Der Weltkriegsopfer können Katholiken und Protestanten in Nordirland gemeinsam gedenken. Aber die Opfer der Troubles zählen sie einander immer noch vor,* Vergl. chrismon 02/2019, Seite 12–22, von Michael Güthlein und Toby Binder

[154] Vergl. ebenda, Seite 22

[155] In Gefängnissen gibt es eine Art *Verbrechens-Hierarchie.* Ganz oben stehen die Bankräuber in verklärter Robin-Hood-Romantik. Die können auch meistens etwas, was bewundert wird. Sie haben ihr *Handwerk erlernt.* Ganz unten stehen die Vergewaltiger, abschließend die Pädophilen. Die moralische Bewertung von Menschen macht auch vor Institutionen wie Gefängnissen nicht Halt. Die in der Hierarchie unten stehenden Verbrecher müssen alltägliche Übergriffe von Mithäftlingen befürchten.

chung, denn diese Herangehensweise wird keinem Opfer gerecht. Aufgrund unterschiedlicher Ausstattung mit Ressourcen können wir alle nur sehr verschieden mit gewaltvollen und traumatischen Situationen umgehen.[156]

Nicht aus dem Blick verloren werden sollte die Tatsache, dass wir in Krisen wichtige Ressourcen erst generieren und nicht verlieren. Aus diesem Grund bekommen krisenhafte Lebensabschnitte oft erst Jahre später einen Sinn.

Opfer zermartern sich regelrecht das Hirn mit der Frage nach dem Warum. Das ist verständlich, nachvollziehbar und sollte in jedem Fall eine wichtige Position einnehmen. Ist irgendeine Form von brauchbaren Gründen für eine Tat, die sehr wahrscheinlich ganz klein und von niedriger Natur sind, gefunden, besteht die Überlebenskunst darin, die selbigen nicht zu überhöhen und dem Täter keine Form von Intelligenz zuzuschreiben. Damit erhöht man ihn. Tatsächlich findet das sowieso schon genug statt. In den Medien wird immer viel mehr über den Täter geschrieben, sein Name wird genannt, er bekommt eine gewisse Bekanntheit. – In den meisten Fällen genau die, die er sich schon immer gewünscht hat.

Das nimmt gelegentlich auch solche Dimensionen an, wie die Produktion eines Kinofilms über Fritz Honka. Er war ein Serienmörder in Hamburg. Der Film ist nach dem gleichnamigen Buch *Der goldene Handschuh* von Heinz Strunk[157] unter der Regie von Fatih Akin[158] gedreht worden. Um den Thrill noch zu steigern, haben Tamo Kunz und Seth Turner die legendäre Kiezkneipe und die Wohnung von Fritz Honka für das Set nachgebaut.[159]

---

[156] Vergl. Kapitel *Trauma und posttraumatische Belastungsstörung*
[157] *Der goldene Handschuh*, Heinz Strunk, rowohlt Verlag, 2016
[158] *Der goldene Handschuh*, Regie Fatih Akin, 2019
[159] Vergl. *Süddeutsche Zeitung*, 09./10.02. 2019

Die Kunst soll frei sein, keine Frage. Aber auch für die Überhöhung eines Täters? Fritz Honka war jemand, der nach der Entdeckung seiner Verbrechen bis zu seinem Tod 1998 im Krankenhaus Ochsenzoll, zuvor in Gefängnissen und psychiatrisch-forensischen Einrichtungen untergebracht war und zuletzt unter anderem auch unter Wahnvorstellungen, sogenannten *olfaktorischen Halluzinationen* litt. *Er beklagte sich beim Pflegepersonal, dass es in seinem Zimmer nach verwesenden Leichen rieche.*[160] Der wahnhafte Sinneseindruck kam nicht von ungefähr, hatte er doch Leichenteile seiner Opfer in seiner Wohnung verwahrt. Fritz Honka wurde als ein Täter analysiert, der unter narzisstisch-motivierten, sexuell schwer gestörten Motiven litt und unter drastischem Alkoholeinfluss grauenhafte Morde beging. Die entstandene Öffentlichkeit um Film und Buch hätte ihm sehr gefallen.

Die Opfer bleiben häufig identitätslos. Das einzig Richtige, das man dahinter ausmachen könnte ist, dass es dem Persönlichkeitsschutz des Opfers dient. Das sollten aber die Betroffenen selbst entscheiden dürfen, es sollte nicht mediengemacht einfach so passieren. Der Täter, der sich der Reflexion nicht stellt, ist selbst gefangen in seinem niedrigen Geist und führt ein Leben in einer sich endlos wiederholenden Schleife. Ihn dabei wenigstens im Gefängnis zu wissen, ist die größte Linderung für Opfer und Angehörige von verstorbenen Opfern. Wut ist ein wichtiges Gefühl. Sie ist ein guter Anzeiger, dass etwas nicht in Ordnung ist. Opfern müssen ermutigt werden, für sich Situationen und Räume zu finden, in denen sie mit dieser Wut arbeiten können. Natürlich darf das nicht schädlich für andere sein. Sich der Zutaten des eigenen Glücks bewusst zu sein, sich in die Welt einzubinden durch ein Ehrenamt,

---

[160] Vergl. Eintrag über Fritz Honka bei wikipedia

Theater spielen oder Tanzen kann helfen, Zustände zu verlassen, die einen unglücklich machen.

Auch die Maßnahme, überfordernde Reize abzustellen, kann Menschen wieder in angenehmere Gefühlszustände bringen. Sich zum Beispiel digital abzuhängen, nicht nur als längst fällige Antwort auf Shitstorms über *facebook* und *Twitter*, sondern sich ganz bewusst auf Dinge und Wesen zu konzentrieren, die diese Erde uns geschenkt hat. Analoge Schönheiten wie Meerestiere aus dem tiefen Ozean, die Tiere im Tierheim um die Ecke, denen etwas Beschäftigung wie Gassi zu gehen einfach guttut, oder sich der Natur zu widmen kann helfen, in einen Zustand der Ruhe und Zufriedenheit zu gelangen.[161] Man kann sich regelrecht vornehmen, wieder *Schönheit ins Leben reinzuschreiben.*[162]

---

[161] Neueste Erkenntnisse der Glücksforschung bieten ein kleines Repertoire an, wie man sich auf den Weg zum Glück machen kann.
[162] Aussage von Hardy Krüger jr. in der *NDR Talkshow* vom 26.04.2019 in der Erzählung über sein Buch, das verfilmt werden soll

# Meinungen

Ich bin davon überzeugt, dass es zwei wichtige Gefühle im Leben gibt, die uns zur Entwicklung verhelfen: Das Bewusstsein, reich vom Leben beschenkt worden zu sein, und trotzdem bestimmten Dingen, Situationen und Strömungen den Kampf anzusagen. Das gilt gleichermaßen für den Einsatz für die Natur und den Beitrag eines jeden Einzelnen gegen die Klimaerwärmung, die Ernährung wertzuschätzen und gegen Massentierhaltung Flagge zu zeigen, sich für den Frieden einzusetzen und gegen aggressive sowie menschenunwürdige Verhältnisse vorzugehen und sich selbst als Mann, Frau oder Queer anzunehmen und im Rahmen dessen jeglicher Form von Rassismus und Sexismus ein ganz klares Nein entgegen zu schreien.

Der Nationalismus breitet sich wieder aus. Es scheint, als würde die Menschheit die wachsende Komplex- und Kompliziertheit der Welt in treuer historischer Wiederholung damit beantworten, dass sie nach dem *starken Mann* ruft. Die Unsicherheit, die entsteht, wenn man mehrere Ströme und Meinungen parallel aushalten muss, ist anscheinend nur damit zu bekämpfen, dass man die Welt wieder simplifiziert. Die festgelegten geschlechtlichen Rollen, die dem Mann die Stärke zuordnet, der Frau die Unterordnung und dem Queer die Nichtexistenz, bieten in großer Verunsicherung und einhergehender Angst anscheinend immer noch die größte Stabilität. Die Welt ist schwarz-weiß viel übersichtlicher, wie es scheint.

Gerade bei den heterosexuellen Männern scheint sich in der modernen Zeit eine Verhaltensvariante ausgebildet zu haben, die zwar erklärlich ist, sich aber als folgenschwer für die Frauen herausstellt. Diese Gruppe Männer, die in der Gruppe der eigenen Geschlechtsgenossen und für sich selbst keine Anerkennung mehr finden, würdigen bevorzugt Frauen herab, weil sie diese als weniger wertvoll betrachten und weil einzelne Aktionen in Beruf- und Privatleben in sehr kurzer Zeit hocheffizient wirken. Wenn dann noch Begriffe wie *Ehre* und *Stolz* ins Spiel kommen, die für die männliche Seite gerettet werden müssen, dann schließt sich der Kreis der verzweifelten Suche nach Anerkennung. In den Zeiten von Internet und Flirt-Chats kann das zu klein ausgefallene Selbstbewusstsein zunächst versteckt und darauffolgend mithilfe von *Likes, Rosen* und *Herzchen* dauerhaft aufgepumpt werden. Hier zeigt sich die gefährliche Seite der digitalen Welt, da die hier angesprochenen Männer ein übersteigertes Bild von sich selbst lange aufrechterhalten können und sich dieses wie ein Bollwerk entwickeln kann. So schirmt man sich ab gegen Kritik, die in natürlichen Freundschaften die Qualität bestimmt, weil man sich gegenseitig ein Korrektiv ist und sein darf.

*Etwas für die Männerehre zu machen* bzw. gegen die Ehrverletzung steht nach wie vor ganz hoch im Kurs der heterosexuellen Männer. Das *Dschungelcamp*, das bei seiner ersten Staffel in die Kritik geriet, menschenunwürdige Szenen zu zeigen, und momentan einem Imagewechsel unterliegt, da die Protagonisten (meist im Dschungeltelefon) ganz emotional über eigene Gefühle sprechen, die im Publikum eine Resonanz hervorrufen, zeigte 2019 ganz eindrucksvoll drei Männer, die sich mit *Testosteron-Politik*[163] Hoffnung auf den Gewinn machten. Es ging bei ihnen darum, der Beste zu sein und sich permanent Menschen zu suchen, die man unter sich versammeln konnte. Häufig ist im heterosexuellen männlichen Denken enthalten, dass Frauen sich besonders gut eignen, Untertan zu sein. Mithilfe alter Klischees, die Frauen als Schlampen darstellen, wenn sie ein modernes Leben angetreten

---

[163] Den Begriff prägte Norbert Blüm in einer norddeutschen Talkshow im Januar 2019

haben, versuchten diese drei ihre Macht zu zementieren. Die von ihnen diffamierte junge Frau wurde schließlich *Dschungelköni-gin*[164]. Das macht Mut.

Wir fordern zu Recht immer wieder Menschen auf, Zivilcourage zu zeigen. Es gibt auch ganz wunderbare Situationen, die von den Medien in den Mittelpunkt gestellt werden und einen Einzelnen oder eine Gruppe in das Zentrum der Aufmerksamkeit rücken. Diese guten Beispiele braucht eine Gesellschaft, die sich moralisch entwickeln will. Und dennoch habe ich oft das Gefühl, dass viele Menschen generell sehr wenig über andere nachdenken. Sie sind nur mit der eigenen Gefühlswelt beschäftigt. Aus dieser sehr ein-geengten Perspektive heraus kann es sich dann plötzlich sogar so anfühlen, dass die anderen egoistisch denken und handeln, weil sie nicht genau das tun, was man selbst gerade braucht, um sich gut zu fühlen. Das ist dann die Aufforderung zum *Zurückschlagen* und gleichzeitig eine taugliche Quelle von Rechtfertigungen für Taten, die weit im Bereich der kriminellen Handlungen liegen. Sich *nur gewehrt* zu haben ist vor einem selbst und vor den anderen viel dichter an Akzeptanz und Verständnis als die Tatsache, dass man jemandem ohne Anlass einen Schaden zugefügt hat.

Bei der Arbeit mit Straftätern können Gefahren lauern, die nicht nur in den straffälligen Personen zu finden sind. Wenig Personal und Bedienstete, die keine Teamplayer sind,[165] machen den Job im

---

[164] Eine entzückende Evelyn Burdecki, die in einem Camp-Gespräch über Bücher einwirft, dass es wichtig sei, das Buch von Jenny Elvers zu lesen, weil man viel daraus lernen könne.

[165] Es gibt Bedienstete, die von ihrer Persönlichkeit her so strukturiert sind, dass sie einen gewissen Selbstwert nur dann spüren, wenn sie sich über andere stellen. In brenzligen Situationen neigen sie dann dazu, den ande-ren Beteiligten Anweisungen zu geben, anstatt selbst zu intervenieren.

Vollzug und in Einrichtungen für Straftäter gefährlich. In der Forensik, also der geschlossenen Station für psychisch erkrankte Straftäter, darf man sich die genannten Schwachpunkte innerhalb des Systems nicht leisten. Forensik und andere Einrichtungen für psychisch Kranke arbeiten mit der Methode *Wolke*. Diese dient *zum Eingreifen in Krisensituationen: Bei Hilferuf eines Betreuers oder bestimmten Kindes sind alle umstehenden Helfer (evtl. auch Kinder) zum Kommen verpflichtet. Es bildet sich sofort eine Wolke um den Täter und demonstriert Macht durch körperliche Präsenz. Die Gruppe hindert den Täter am Ausweichen, engt den Spielraum ein und fordert zur Einhaltung der Grenzen und zur Entschuldigung auf.*[166]

Täter haben häufig starke Möglichkeiten, sich selbst zu reflektieren. Die ihnen zugrunde liegende Aktivität macht ihr Denken mitunter sehr schnell. Ich habe schon in der Einleitung erwähnt, wie erstaunt ich immer wieder über die Reflexionsmöglichkeiten von jugendlichen Straftätern und Straftäterinnen bin. Sie blitzen häufig unverhofft in Unterrichtsgesprächen durch und zeigen, dass da ein Mensch in der Entwicklung ist. Das heißt zwar immer noch, dass in ganz seltenen Fällen die Erkenntnisse, die im Vollzug erlangt werden, für den Rest des Lebens verhaltenssteuernd bleiben. Das bleiben sie bei keinem von uns. Egal ob wir mit dem Gesetz in Konflikt gekommen sind oder nicht. Es ist das *aktive Täterhirn*, das gewohnt ist, nach neuen Lösungen zu schauen, das den Kontakt und die Gespräche häufig sehr fruchtbar macht. Umso mehr ist es ein Argument, dass wir mit Tätern arbeiten müssen, erst recht mit jugendlichen Tätern. Das Blatt kann noch gewendet werden,

---

[166] Vergl. Peter Graaf, Psychologischer Kinder- und Jugend-Psychotherapeut, *Werner-Otto-Institut* Hamburg, *Fortbildung zu Interventionsformen bei aggressivem Verhalten*, März 2016

Therapien müssen angeboten werden. Wer sich jahrelang als therapieresistent erweist, der sollte weiterhin in Sicherheitsverwahrung bleiben.[167]

In diesen Fällen würde ich mich dafür aussprechen, dass man die Täter zu Arbeit verpflichtet, aus deren Erlös therapeutische Hilfen für das Opfer bezahlt werden. Opfer haben häufig gar nicht so eine Aktivität zur Verfügung wie die Personen, die ihnen den Schaden zugefügt haben. Sie sind in großer Gefahr von Passivität gelähmt zu werden, und zwar von einer Passivität, die sich aus Folgeerkrankungen wie Depressionen ergeben oder dem *Aus-der-Ohnmacht-heraus-agieren-Müssen*, das sich ergibt, wenn man keine Erklärung dafür findet, dass einem so etwas Fürchterliches angetan wurde. Die Täter sind eindeutig im Vorteil. Das kann nicht umgedreht werden. Aber der Staat kann mit Finanzen und Betreuungsangeboten nachrüsten und versuchen, diesen Vorsprung auch für die Opfer herauszuholen. Das wäre dann Gerechtigkeit.

»Reden ist eine Kunst«, sagte ein befreundeter ehemaliger afghanischer Deutschschüler von mir, der jetzt für einen Sicherheitsdienst arbeitet. Wir sprachen über die Situationen, die sich im Umgang mit potenziellen Tätern wie zum Beispiel in einem Kaufhaus ergeben. »Man erkennt kriminelle Vorhaben am Verhalten«,[168] sagte er weiter. Wenn man im Sicherheitsdienst arbeitet,

---

[167] Vergl. *Knast,* Joe Bausch, Ullstein Verlag, 2012, Seite 282
[168] S. a. Feldstudien mithilfe eines Experiments, für das eine Gruppe von Menschen die Aufgabe bekam, eine Bombenattrappe in einem Rucksack zu einem bestimmten Zeitpunkt an einem öffentlichen Platz abzulegen. Alle zeigten, obwohl sie über das Experiment aufgeklärt waren und wussten, dass es sich dabei um eine Attrappe handelte, höchste nervöse Reaktionen. Sich künstlich unauffällig zu verhalten scheint im Allgemeinen so schwer zu fallen, dass jeder Versuch ein Verhalten produziert,

müsse man ständig abwägen, welche Energien eine bestimmte Person mitbringt und ob es eine mögliche Eskalation geben könnte. Eine Deeskalation könne durch geschicktes Reden herbeigeführt werden. Zudem müsse man, bevor der Deeskalationsprozess dieser Art eingeleitet wird, genau einschätzen, ob sich dieser Weg lohnt oder ob eine Ausweglosigkeit in diese Richtung schlagend, die Situation besser durch ein starkes Signal (auch mit Körperkraft) zu beenden ist.

Wenn ich beobachte, wie Menschen sich formieren und Gesellschaften, Teams, Vereine und Staaten bilden, dann erinnert dieser Prozess in vielen Bereichen grundlegend an *Animal Farm*[169]. Bestimmten Personen werden höhere Werte, anderen eher Minderwerte zugesprochen oder alle Beteiligten werden von vornherein in verschiedene Klassen eingeteilt, die wiederum mit bestimmten Wertigkeiten verbunden sind. Es scheint fast so, als ob Menschen generell nicht mit genügend Bewusstsein und Vernunft ausgestattet sind und es ihnen dadurch nicht möglich ist, von sich aus demokratische Prozesse automatisch ablaufen zu lassen. Der Verdacht drängt sich auf, dass die Formierung so unordentlich auf Menschen wirkt, dass sie der ablaufenden Prozessen nicht ohne die oben beschriebenen Prinzipien Herr werden. Es ist dabei egal, ob sich eine Band, eine soziale Organisation, ein Kleingartenverein, ein Flashmop oder eine Spielgruppe formiert.

Menschen in prekären Arbeitssituationen (wie zum Beispiel die Honorararbeit, die gesetzlich noch halbwegs verankert ist) sind dem in besonderer Art und Weise ausgesetzt. Von persönlichen Stimmungen geleitet können dann die Projektleiter oder sonst ir-

---

das wiederum als auffällig bewertet wird. Vergl. auch Feldexperimente und Dissertationen zum Thema *Täterverhalten*.

[169] *Animal Farm,* George Orwell, Erstveröffentlichung August 1945

gendwie geartete Arbeitgeber, ihre Arbeitnehmer unter Druck setzen. Um dies zu tun, ist der Entzug von Arbeit oder das Zurückhalten von Bezahlung ein probates Mittel. Hierarchiearme Projekte sind oft nur so geartet für die Darstellung nach außen. Bei nicht klar gestalteten Hierarchien und deren grundlegender Akzeptanz, die im Prinzip für die meiste Transparenz sorgt, bilden sich sogenannte *heimliche Hierarchien*, die dann verdeckt und höchst subjektiv Urteile fällen, die in Entscheidungen münden. Besonders schlimm ist es, wenn sich eine soziale Organisation als eine entpuppt, die nur vordergründig Bedürftigen hilft und sich hinter vorgehaltener Hand die Taschen füllt.

Im Grunde folgen wir alle eher unseren (animalischen) Instinkten, wenn wir handeln sollen. Das Bewusstsein für die eigenen Handlungstriebe ist sehr eingeschränkt, das für die der anderen fast gar nicht vorhanden. Wir können meistens gar nicht erklären, was uns antreibt. Was andere antreibt schon gar nicht. Wir planen und organisieren bestimmte Dinge und handeln im letzten Moment völlig anders, als zuvor geäußert. *Aus dem Bauch heraus* nennen wir das dann. Doch was speist dieses *Bauchgefühl*? Ereignisse aus unserem Leben, die nicht alle die Ebene des Bewusstseins erreicht haben.?

Immer wieder sucht der vernünftige Mensch nach moralischen Größen, an denen er sich orientieren kann. Was aber ist, wenn es keine stringent vernünftigen Handlungen gibt? Wenn Menschen, die man bewundert, idealisiert oder einfach nur sehr moralisch findet, Entscheidungen treffen, die an irgendeiner Stelle jeglicher Vernunft entbehren?

Welche Reaktionen soll man zeigen, wenn durch die Nachrichten geht, ein geeintes Europa (hochvernünftiger Prozess!) liefere keine rüstungsfähigen Gerätschaften mehr nach Saudi Arabien, weil man diese dort nutzt, um den Krieg im Jemen zu führen. Deutschland nehme das sehr ernst und stoppe die Lieferungen, Frankreich jedoch beschwere sich, weil gemeinsame Rüstungsprojekte in Gefahr seien. Deutschland mache aufgrund der Beschwerde in diesem Fall eine Ausnahme und liefere Sattelschleppertieflader, die auch für Rüstungszwecke eingesetzt werden können, erst nach Frankreich, damit von dort aus nach Saudi Arabien geliefert werden könne.[170]

Stehen uns in einer Zeit, in der man sagt, dass jede Person für 15 Minuten[171] Ruhm genießen kann, am Ende unsere bitteren Gefühle im Weg, wenn wir uns bewusst machen müssen, wie bedeutungslos jeder Einzelne von uns ist? Gerne würde ich sofort das Pathos dort rausnehmen und ich hoffe, es gelingt mir. Wir sind jetzt bald 7,3 Milliarden Menschen auf der Erde. Theoretisch müssten doch alle den gleichen Wert haben, nicht mehr oder weniger, sondern den gleichen. Das Gefühl der Bedeutungslosigkeit ist nachvollziehbar unerträglich. Dass Menschen oft auf sehr rücksichtslose Weise und bis in den Straftatbestand dagegen ankämpfen, ist vor diesem Hintergrund verständlich. Wie kann es gelingen, daraus zwei Gefühlsebenen zu machen? Die eine Ebene, die uns in dem Wissen, dass es so viele von uns gibt, die mehr oder weniger die absoluten Grundgefühle wie Freude, Angst, Wut und Trauer teilen, zur Empathie anderen Menschen gegenüber bringen soll. Und die andere Ebene, die angesichts dieser riesigen Anzahl von Menschen auf der Erde ein Bewusstsein dafür trägt, dass die Generierung von Selbstwert nur aus der eigenen Existenz geschöpft werden kann und nicht daraus, andere Menschen abzuwerten. Wie Menschen auf privater und beruflicher Ebene miteinander

---

[170] So in den Nachrichten berichtet am 12.04.2019
[171] *15 minutes of fame,* Andy Warhol, 1968

umgehen, ist oft sehr grausam. Es ist doch lange kein Geheimnis mehr, dass ein Klima aus Angst, Druck, Manipulation und Repressalien den Einzelnen nicht in kreative und produktive Prozesse bringt. Nur den anderen in seiner Bedeutung wahrzunehmen und zu schätzen bringt uns weiter.

Jahrelange Freundschaften sind deshalb so schwierig, weil sich die Menschen immer wieder verändern. Freundschaft bedeutet, den anderen in diesen Veränderungen ernst zu nehmen und diese zu verfolgen. Jahrelange Freunde müssen immer wieder neue Brücken bauen und Wege einschlagen, damit man den Freund oder die Freundin wiedererkennt. Nur von alten Gefühlen, die man für einander hatte, zu leben, ist wie *Freundschaft aus der Konservendose*. Sicherlich ist es das zwischendurch auch. Man kann nicht jeden Tag ein hoch entwickeltes Festmahl genießen. Manchmal tun es auch die Ravioli aus der Dose und zwischendurch auch mal kalte. Der Mensch ist ein soziales Wesen, ohne Gemeinschaft überlebt er nicht. Auch das ist in unseren Genen fest gespeichert. In krisenhaften Zeiten sind es ja häufig die alten Wegbegleiter, die uns zur Seite stehen. Manchmal stehen uns aber auch die zur Seite, von denen wir das gar nicht gedacht hätten und die ganz neu in unser Leben gerutscht sind.

Die Tier- und Hirnforschung, wie zum Beispiel die an Oktopoden[172], zeigt uns, dass die Behauptung, nur dem Menschen ein Bewusstsein zuzusprechen, nicht gehalten werden kann. Gefühle von Angst sind bei vielen Tieren deutlich spürbar. Auch die Reaktionen darauf,: nämlich der Wunsch, die Angst beim anderen zu

---

[172] Vergl. *Rendezvous mit einem Oktopus,* Sy Montgomery, Diogenes Verlag, Zürich, 2019, deutsche Erstausgabe im mare Verlag, Hamburg, 2017

lindern. Inzwischen kann man sogar nachweisen, dass Zitteraale träumen.[173]

Es ist ganz wunderbar und erkenntnisreich, sich mit diesem Zweig der Wissenschaften näher zu beschäftigen, das kann ich nur jedem ans Herz legen. Es verschafft ein Bewusstsein darüber, dass jedes Wesen bestimmten Gesetzmäßigkeiten unterliegt und dennoch ganz individuell darauf reagieren kann. Wichtig ist auch die Erkenntnis, dass Degenerationen im Gehirn – auch, aber nicht nur, im Rahmen vaskulärer oder Alzheimer-Demenz – aus jemandem, dem besten Freund vielleicht, einen andersdenkenden und anders handelnden Menschen machen kann. Trotzdem bleibt dieser Mensch noch die gleiche Person, die wieder eine neue Brücke braucht.

Der Mensch als Architekt von sozialen Begegnungen hat unendliche Möglichkeiten – und wenn es einmal nicht klappt, dann in den meisten Fällen noch mit der dritten oder vierten Chance.

Beleidigendes und aggressives Verhalten sagt einzig und allein über denjenigen etwas aus, der es tätigt. Das allein ist schon dadurch nachgewiesen, dass der Aggressor niemals alle Beweggründe und gemachten Erfahrungen kennen kann, die sein *Objekt* zu einem bestimmten Verhalten bzw. Entscheidungen bringt, und allein deshalb nicht in der Lage ist, Situationen genau zu beurteilen. Bei der Grenzziehung zu aggressiven Typen von Menschen ist diese Erkenntnis der Schlüssel zu einem ruhigen (Weiter)Leben.

---

[173] Vergl. Ebdenda Seite 64–67

# Biologie des Bösen

Die sogenannte *graue Substanz* im Gehirn, so hat man inzwischen herausgefunden, ist immens wichtig, um mit dem *gesunden Menschenverstand* agieren zu können. Forscher haben festgestellt, dass in den Gehirnen von Psychopathen die graue Substanz erheblich verringert ist. Gleichzeitig lässt sich fundiert behaupten, dass besonders empathische Menschen über sehr viel graue Substanz im Gehirn verfügen. Bei Alzheimer-Demenz-Erkrankten nimmt im Prozess der Erkrankung die graue Substanz ab. Sie hat eine große Bedeutung für vernünftiges Agieren unter dem Aspekt, das niemand anders zu Schaden kommt: *Vorwiegend aus Nervenzellen (die entweder diffus verteilt oder in Kernen zusammengeschlossen oder in Schichten und Kolonnen angeordnet sind) bestehende »nervöse Masse« des Gehirns und Rückenmarks.*[174]

Unser Erkenntnisgewinn über das Gehirn wächst stetig voran. Wir wissen heute mehr denn je und werden das ganze Geheimnis wohl niemals entschlüsseln. Schon immer gab es Bestrebungen, *das Böse im Kern auch im Gehirn abgebildet* zu finden. Das ist und bleibt verständlich vor dem Hintergrund, dass die Menschen sich mit dem *Bösen* beschäftigen und für alles Erklärungen suchen. Lineare Zuschreibungen, die von einer bestimmten Gehirnstruktur oder einem bestimmten Aussehen direkt zu einem Verhalten, möglichst noch zu einem spezifischen Täterverhalten führen sollen, bringen uns *auf die falsche Spur.*[175] Der Untertitel des dazu passenden Artikels über künstliche Intelligenz lautet: *Angeblich kann moderne Intelligenz sexuelle Orientierung, kriminelle Neigung und*

---

[174] *Wörterbuch Psychologie*, Werner D. Fröhlich, dtv Verlag, München, 2017, Erstauflage 1968
[175] *Süddeutsche Zeitung* vom 07./08.04.2018 von Eva Wolfangel

*andere menschliche Eigenschaften an Gesichtern ablesen. Doch in der Praxis gibt es viele Probleme. Zuverlässig erkennt die Technik eigentlich nur Verkehrsschilder.* Vielleicht ist das zuverlässigste Konzept, andere Menschen einzuschätzen, immer noch das *Eisberg-Modell*: Sigmund Freud hat die Theorie entwickelt, dass wir nur 20 Prozent eines Menschen tatsächlich wahrnehmen und, wie bei einem Eisberg, 80 Prozent so tief verborgen sind, dass sie keine Anhaltspunkte geben können. Schon gar nicht im Erstkontakt.

Grundsätzlich kann man sagen, dass der Mensch von all den Eindrücken seiner Umgebung überfordert ist. Deshalb sortiert das Gehirn vor. Es dringt gar nicht alles bis zu uns heran, wir haben gelernt, uns auf etwas zu fokussieren. Wenn man auf der Straße eine Unterhaltung führt, dann blendet man den Störschall, also den Straßenlärm soweit aus, dass man dem Gespräch folgen kann. Erst wenn ein völlig neues, lauteres Geräusch wie z. B. ein Martinshorn ertönt, verlagert man die Aufmerksamkeit auf das neue Geräusch um, wenn nötig, zu reagieren. Trotzdem scheint das, was nach der Vorsortierung übrig bleibt, immer noch zu überfordern. Um sich die negativen Effekte mal richtig vor Augen zu führen, finde ich das Buch *Würde – Was uns stark macht* von Gerald Hüther sehr überzeugend.[176]

Wenn der Mensch seine Biologie mit philosophischen Fragen in Verbindung bringt, fragt Gerald Hüther ganz richtig auf der ersten Seite: *Verletzt nicht jeder, der die Würde eines anderen Menschen verletzt, in Wirklichkeit seine eigene Würde?* Ganz sicher. Und

---

[176] *Würde – Was uns stark macht – als Einzelne und als Gesellschaft*, Gerald Hüther, Albrecht Knaus Verlag München, 2018, Seite 37. Professor Gerald Hüther ist Neurobiologe und Hirnforscher und hat Samuel Koch dafür gewinnen können, die *Gesellschaft für männliche Vorbilder* zu unterstützen.

trotzdem bildet sich die Verletzung im Körper ab und muss dort behandelt werden. Aber die philosophischen Ansichten dürfen uns gerne bei der Heilung helfen, denn die Fähigkeit zu philosophischen Gedanken könnte uns, sofern von allen geteilt, dazu verhelfen, ein rücksichtsvolles Miteinander zu leben – einfach deshalb, weil wir uns vorstellen können, wie es dem anderen geht.

Inzwischen weiß man, dass diese Form von empathischer Intelligenz nicht nur der Spezies Mensch zur Verfügung steht. Man vermutet sie bei Hunden, jedoch auch bei Oktopoden, die mithilfe ihrer neuronalen Ausstattung in den Armen und Saugnäpfen fähig sein sollen, den abgetasteten Menschen quasi *auszuschmecken* im Sinne von auszukundschaften.[177]

Der orbitofrontale Cortex (OFC) reift am spätesten aus, ungefähr im Alter von 18–20 Lebensjahren. Das Jugendstrafrecht begutachtet diese Tatsache genau, wenn ein Jugendlicher Kurzschlussstraftaten verübt. Im Allgemeinen gilt das Jugendstrafrecht bis zum 21. Lebensjahr. Es gilt ebenso, wenn der Straftäter älter ist, aber die Tat vor dem 21. Geburtstag verübt wurde. Der Richter wertet die Taten als eine Art *Reifeprüfung* und kann anhand derer die Fähigkeit zur Voraussicht messen. Denn es ist diese Fähigkeit, die nach der Ausreifung des OFC im Menschen veranlagt sein soll. Mithilfe dieser Information über den Tathergang entscheidet der Richter, ob er nach Jugend- oder Erwachsenenstrafrecht urteilt.[178]

Achim Haug erwähnt in seinem Buch eine Theorie über Wahn. Hierbei wird davon ausgegangen, dass wir alle Wahngedanken in uns haben und das Gehirn wie eine Kontrollstation wirkt. Es heißt, dass die Hauptaufgabe des Gehirns darin besteht, Reize zu unter-

---

[177] Vergl. *Rendezvous mit einem Oktopus,* Sy Montgomery, Diogenes Verlag Zürich, 2019
[178] Pia Heckel, Leitung der Fortbildung *Traumapädagogik* in Hamburg

drücken.[179] Das Verrückte und Wahnhafte kommt zuweilen in unseren Träumen durch und lässt uns oft genug am nächsten Morgen verwirrt zurück. Die Träume sind gespeist mit teils bekannten und teils unbekannten und unlogisch wirkenden Elementen. Manchmal können wir uns später einen Reim darauf machen, weil wir im Laufe des Tages etwas entschlüsseln können. Sicher ist jedoch, dass wir niemals unsere Träume mit völlig Unbekanntem füttern könnten. Deshalb kann man davon ausgehen, dass eine Wahnerkrankung damit zu tun haben könnte, dass durch ein angeschlagenes Immunsystem zum Beispiel die Kontrollfunktion ausgehebelt wird und eine Bahn für Wahngedanken frei wird. Das kann uns grundsätzlich allen passieren. Auch im Wahn können Straftaten begangen werden, da die Erlebniswelt davon ausgefüllt sein könnte, dass man verfolgt oder vergiftet wird, verflucht sei oder von Stimmen befohlen bekommt, dass man sich selbst und vielleicht andere töten soll.

In seinem Buch *Knast* fragt sich Joe Bausch, was einen Menschen zum Verbrecher werden lässt. Welche typische Biografie haben Menschen, dass sie anfangen lässt Böses zu tun? Was verleitet sie zu den manchmal recht monströsen Taten? Zu der Frage *Wie kommt das Böse in die Welt?* sind ganze Bibliotheken gefüllt. Da Joe Bausch lange als Gefängnisarzt gearbeitet hat, liegt es erst recht auf der Hand sich diese Frage zu stellen, weil man tagtäglich Menschen begegnet, die wegen Straftaten verurteilt wurden. Der Autor spricht allerdings auch davon, dass es eine zentrale Kernfrage ist und dass im Grunde alle Menschen diese Frage bewegt. [180]

Er schreibt weiter über die Lebensumstände der Menschen.

---

[179] *Reisen in die Welt des Wahns,* Achim Haug, C. H. Beck Verlag München, 2019, Seite 199
[180] Vergl. *Knast* Joe Bausch, Ullstein Verlag, Berlin, 2012, Seite 270

Zum einen über die Tatsache, dass manche aus wohlgeordneten Verhältnissen oder gar Wohlstand kommen und sich daraus keine Spur ableiten lässt, zum anderen über diejenigen, die von frühester Kindheit an unter so schwierigen Bedingungen das Leben stemmen mussten, dass man in der Retrospektive sagen kann: Das musste ja so kommen. *Jeder von uns kann wütend sein und Böses denken, wird aber noch lange nicht zum Mörder. Der Gedanke, dass in den Gehirnen der Menschen, die es tatsächlich werden, etwas schief läuft, etwas anders funktioniert als bei normalen Menschen, beschäftigt Mediziner und Hirnforscher seit langem.*[181]

In dem darauf folgenden Kapitel *Kranke Hirne* zitiert Joe Bausch einen Psychiater: *»Der hat einen Hardware-Schaden, da ist jede Behandlung aussichtslos!«*[182] Ich finde, das ist eine schlüssige Bemerkung und in dem Kontext zu lesen, dass man vermutet, dass Mediziner in eigenen Kreisen Patienten schnell mal als *die gebrochene Hüfte* oder *den Bein-Amputierten* bezeichnen. Im hektischen Klinikalltag und Eifer des Gefechts finde ich das inzwischen mehr als zulässig, sollte es so sein. Da kann auch der mit dem *Hardwareschaden* dazukommen.

Die Geschichte der Medizin unterfüttert das mit den vielen Vermutungen, die man über die Jahrhunderte hinweg angestellt hat. Das Verbrechen wurde schon seit dem 18. Jahrhundert in Gehirnen gesucht. Es mag etwas daran sein und trotzdem reicht eine eindimensionale Erklärung niemals aus. Alle medizinischen Wissenschaftler haben immer eng mit Philosophen, Soziologen und Anthropologen an biologischen Geheimnissen gearbeitet. Zwei schließende Zitate sollen das Dilemma nochmals durchscheinen lassen:

---

[181] Vergl. ebenda Seite 271
[182] Ebenda ab Seite 271 ff

*Neurophysiologen konnten Ende der sechziger, Anfang der siebziger Jahre durch Hirnstrommessungen nachweisen, dass etwa die Entscheidung, einen Finger krümmen zu wollen, erst nach dem Moment einsetzt, in dem das Gehirn bereits die Vorbereitungen zu dieser Handlung in Gang gesetzt hat. Und zwar ohne, dass wir davon etwas bemerken würden. Mit anderen Worten: Wir tun nicht wirklich das, was wir wollen, sondern wir wollen, was wir tun.*[183]

*Oft genug habe ich im Lauf meines Lebens getan, wofür ich mich nicht entschieden hatte, und nicht getan, wofür ich mich entschieden hatte. Es, was immer es sein mag, handelt.*[184]

---

[183] Ebenda Seite 272
[184] *Der Vorleser,* Bernhard Schlink, Diogenes Verlag AG Zürich, Erstausgabe 1995, hier: Jubiläumsausgabe 2002, Seite 21

# Armut

*Aber wahnhafte Symptome tragen sicher weniger zu Gewalttätigkeit bei als andere für islamistische Terroristen typische Faktoren wie Armut, kulturelle Entwurzelung und männliches Geschlecht. Weder prädestiniert der Wahn als Symptom zum Terrorismus noch sind terroristische Aktivitäten ein Hinweis auf eine wahnhafte Erkrankung. Die Autoren behaupten nicht, die meisten Terroristen seien wahnkrank, aber doch zeigten viele »psychische Auffälligkeiten«. Nur – wer zeigt die nicht? Donald Trump hat den größten Atomknopf der Welt, viele erfolgreiche Politiker und Wirtschaftsbosse zeigen narzisstische, manche sogar antisoziale Züge ...185*

Der Hinweis darauf, dass Armut Menschen in so verzweifelte Lebenslagen bringen kann, dass sie Reaktionen zeigen, die sich unter finanziell entlasteten Bedingungen wahrscheinlich keinen Weg nach draußen suchen würden, ist in meiner Erinnerung schon sehr alt. In keinem anderen Land zeigt sich der Kreislauf, der sich zwischen geringer Bildung und relativer finanzieller Armut entsponnen hat, so stark wie in Deutschland. Die soziale Herkunft bringt ein enormes Gewicht in die Zukunftsperspektiven von Menschen, offensichtlich noch sehr viel schwerwiegender in die von Frauen.

Dass Frauen inzwischen in Europa den Männern sehr viel gleichgestellter sind als noch vor 50 Jahren, ist kein Geheimnis, auch schon lange keine Frage mehr. Trotzdem gibt es noch viele Lebensbereiche, in denen die alte Ungleichheit und Ungerechtigkeit steckt. Der Lebensentwurf vieler Menschen stützt sich noch auf die Funktionsfähigkeit des alten Lebensmodells: Vater, Mutter,

---

185 Vergl. *Süddeutsche Zeitung* vom 24.01.2018 *Psychisch Kranke brauchen Hilfe, keine Diskriminierung*, Leserbrief von Prof. Thomas Pollmächer, *Zentrum für psychische Gesundheit*, Klinikum Ingolstadt

Kind. Dass dies jedoch sehr zerbrechlich ist, war noch nie so deutlich wie in den modernen Zeiten. Zwei Drittel der Ehen in Deutschland werden geschieden, auch das ist eine Information, die inzwischen jeder zur Verfügung hat. Im Allgemeinen wird dieses Phänomen damit erklärt, dass Frauen heutzutage finanziell unabhängiger seien, weil sie einen Beruf ergreifen können und demzufolge nicht in schlechten Beziehungen bleiben müssen. So weit, so gut.

Trotzdem gerät in diesen Jahren eine Vielzahl von Frauen in die Altersarmut, weil sie ihr bisheriges Leben in den Dienst von Mann und Kindern gestellt haben und nicht erwerbstätig waren. Selbst wenn sie berufstätig waren, dann überwiegend nur in Teilzeit. Teilzeit-Erwerb löst keine Rentenansprüche aus, von denen die Frauen in der Rentenzeit ein gutes Leben führen könnten. Das bedeutet, der Effekt eines nicht mehr durchgehend funktionierenden Familienmodells ist jetzt schon sichtbar.

Zum Glück wird das Schuldprinzip jetzt generell nicht mehr als Scheidungsgrund verfolgt, denn am Scheitern von Beziehungen und Ehen trägt keiner die Schuld. Das ist das Leben. Beziehungen zerbrechen. Die meisten Scheidenden haben aber nicht vorgesorgt.

Das realistische Leben dient nicht als Gesetzesgrundlage. Man vertraut beim Eheschließen immer noch dem alten Modell. Der Ehevertrag ist etwas für ganz moderne Leute, der hat nämlich darüber hinaus jede Menge Potenzial, romantische Gefühle zu zerstören. In der Hoffnung, es möge alles gut gehen, sorgen Frauen im Allgemeinen weniger vor, als sie sollten.

In einem Artikel über die Folgen von *Hartz IV* fällt erneut auf, dass hauptsächlich Alleinerziehende in prekären bis gefährlichen Situationen leben: *Ein krasses Beispiel für die bisherigen Defizite sind Alleinerziehende. Jede dritte, fast immer sind es Frauen, ist auf staatliche Finanzhilfe angewiesen. Das ist ein erschreckender*

*Wert. Die Alleinerziehenden leiden unter dem konservativen Fami-*
*lienbild, das staatliche Kinderbetreuung verdammte, weil die Mut-*
*ter ja zu Hause bleiben sollte. Deshalb sind die Betreuungsange-*
*bote in der Bundesrepublik immer noch schlechter als in modernen*
*Nachbarländern wie Frankreich oder Belgien. Diesen Rückstand*
*gilt es aufzuholen, damit mehr Alleinerziehende aus der Hartz IV-*
*Falle kommen.*[186]

Ich möchte noch dringend darauf hinweisen, dass der Ausdruck
*Hartz-IV-Falle* dazu verleitet, zu denken, der gesamte Artikel sei
in diesem Tenor geschrieben. Dem ist nicht so. Für meine Begriffe
gibt der Artikel sehr feine, komplexe und dynamische Effekte der
Prozesse nach der Einführung von *Hartz IV* Mitte der Nullerjahre
wieder. Nicht nur der Blick auf Deutschland sollte uns ständig
leiten, politische und gesellschaftliche Prozesse zu bewerten, es
gilt das internationale Terrain im Blick zu behalten, wenn wir denken, dass es uns in Deutschland schlecht geht. Das tut es nicht,
weder Frauen noch Männern. Wir haben viel erreicht. Und dennoch können wir ermessen, dass es bei den globalisierenden Be-
wegungen wieder einmal mehr eine Rolle spielt, welche Bil-
dungsmöglichkeiten Mädchen generell zur Verfügung stehen und
stehen müssen, um in weltwirtschaftlicher Hinsicht Gerechtigkeit
zu erzielen: *Gebildete Frauen haben zudem auch das größte*
*Potenzial, extreme Armut zu beenden. Damit sie dieses Potenzial*
*auch entfalten können, müssen die Barrieren für Mädchen und*
*Frauen abgebaut, muss der Zugang zu Bildung erleichtert wer-*
*den.*[187]

---

[186] Vergl. *Süddeutsche Zeitung*, 25.04.2019, *Neue Wege am Arbeits-*
*markt*, Alexander Hagelüken
[187] Vergl. *Süddeutsche Zeitung*, 08.03.2018, *Armut ist sexistisch*, Carolin
Kebekus

Wenn also Armut Bildung verhindert und Bildung Armut abbaut, sollte es doch ganz logisch sein, wo politische Energien und finanzielles Kapital hinfließen müssen. Dass auf gesicherte Studien und warnende Statistiken nicht reagiert wird, kann nur damit zusammenhängen, dass dann bestehende Machtgefüge ins Wanken geraten. Historisch gesehen war das oft ein Grund, Veränderungen zu verhindern.

*Jedes fünfte Kind ist arm.*[188] Sollte dieser Titel nicht schon reichen, um alle Menschen in Deutschland zum Handeln zu veranlassen? Eine aufgeklärte Gesellschaft weiß doch, welche Folgen dieser Zustand mit sich bringt. Das *Deutsche Kinderhilfswerk* hat in seinem Report 2018 besonders die Frage nach der Kinderarmut gestellt. Das Ergebnis ist die oben genannte Titelzeile des Artikels über den Report. Weiterhin wird jedoch auch berichtet, dass von den befragten Erwachsenen zwei Drittel bereit wären, mehr Steuern zu zahlen. Das bedeutet, dass die Bevölkerung in Deutschland erreichbar ist und die Zusammenhänge von Themen verstehen. Natürlich sind die Probleme nicht nur auf politischer Ebene zu lösen.

Es ist eigenwillig, zu fordern, dass *die Politiker alles richten sollen.* Da liegen wir wieder schnell an dem, nicht zuletzt auch nationalsozialistischen Gedanken, ein starker Politiker könne alles richten. Jeder Einzelne ist aufgefordert, etwas zu tun. Es gibt politische Hebel, an denen gezogen werden könnte. *Vor allem Alleinerziehende würden zu wenig unterstützt. Als wesentliche Ursache machen die Forscher geringe Einkommen der Eltern durch prekäre Arbeitsverhältnisse aus. Wer Vollzeit arbeitet, muss in der Lage sein, den Familienunterhalt aus eigener Kraft zu bestreiten. Des-*

---

[188] Vergl. *Süddeutsche Zeitung*, 03./04.02.2018, Ulrike Heidenreich

*halb brauchen wir armutsfeste Löhne in Deutschland.*[189] Weiter heißt es, dass ein Bundeskinderteilhabegesetz dafür sorgen könnte, *dass vor allem Jugendliche aus sozial schwachen Verhältnissen automatisch einen Rechtsanspruch auf Förderung und Teilhabe bekommen. Denn Kinderarmut bedeutet nicht nur materielle Not, sie zieht auch einen Mangel an Bildung nach sich sowie die Ausgrenzung von Unternehmungen, die für betuchtere Familien ganz selbstverständlich sind.*

Ausgrenzung ist gerade für Kinder und Jugendliche in der Pubertät das Thema, das die schlimmsten seelischen Verletzungen hinterlässt. Dominik Bloh berichtet in seinem Buch *Unter Palmen aus Stahl*, dass das *Dazugehören* aus so kleinen Elementen bestehen kann, wie die Freundin oder den Freund mal auf ein Eis einzuladen.[190] Wenn die kleinen angenehmen Seiten im Leben von früh an nicht möglich sind, dann kann das Gemüt, ja die ganze Lebenssituation sehr ins Trudeln kommen. Nicht selten sind dann auch Straftaten im Spiel, um die Balance wieder herzustellen. Das Buch macht auch im erweiterten Lebensraum nachdenklich. Dominik Bloh beschreibt sehr detailliert, dass man als Jugendlicher extrem anfällig dafür ist, dass Werbung und ein bestimmtes Konsumverhalten ein glückliches Leben verheißen. Die Zeiten sind durch *facebook* und *Instagram* sogar noch schwieriger geworden. Millionen von Menschen folgen Berühmtheiten, die ein perfektes Foto nach dem anderen ins Netz stellen. Der immer noch analog tickende Zuschauer oder besser *Follower* muss denken, dass es möglich ist, 24 Stunden am Tag das perfekte Leben zu führen. Daraus ergeben sich Versagensgefühle, die sich im Konsum Lin-

---

[189] Vergl. ebenda
[190] Vergl. *Unter Palmen aus Stahl,*. Dominik Bloh, Verlag Ankerherz, November 2017

derung suchen. Wenn man sich die Statussymbole auf der erwachsenen Seite anschaut, dann scheint es kaum noch Unterschiede zwischen jugendlichem und erwachsenem Verhalten zu geben.

*Im Knast spiegeln sich auch die Kollateralschäden wider, die unsere Ellenbogengesellschaft verursacht, die das rücksichtslose Streben nach dem schnellen Erfolg, der unmittelbaren Bedürfnisbefriedigung des Einzelnen über das Glück der Gemeinschaft gehoben hat. Die Folgen davon sind soziale Ausgrenzung, Armut, der Mangel an Solidarität, gelegentlich auch fehlende Zivilcourage: Weil das Wegsehen und das Sich-nicht-einmischen-Wollen zur allseits beherzten Regel geworden sind. Das beginnt bei Nachbarschaftsbeziehungen – und zwar nicht nur in der Anonymität der Großstädte – und gipfelt in einer generellen Unlust, Verantwortung zu übernehmen. Wir delegieren, wir schieben ab, jemand anderes wird's schon richten, und wer durch sämtliche Raster gefallen ist, der landet eben im Knast. Letzte Ausfahrt eines Irrweges, dessen Verlauf in vielen Fällen durchaus absehbar gewesen ist.*[191]

*Es gibt einen ICE namens Armut, der irgendwann gegen die Wand fährt. Wir mit der Tafel können nur das Tempo drosseln.*[192] Paul Breitner trifft diese Aussage in einem Interview mit dem *Stern.* Er schildert, dass er und seine Frau, die seit 12 Jahren ehrenamtlich bei der Münchener Tafel arbeiten, mit Menschen in ihren 70er- und 80er-Lebensjahren regelmäßig zur Tafel gehen, die am 20. des Monats den Salat ablehnen, weil sie keinen Essig und kein Öl zu Hause haben.[193]

---

[191] Vergl. *Knast,* Joe Bausch, Ullstein Buchverlage GmbH, 2012
[192] Paul Breitner in einem Interview mit Andreas Hoidn-Borchers und Axel Vornbäumen im *Stern* Nr. 17, 17.04.2019, Seite 100–106
[193] Vergl. ebenda

Julia Klöckner, amtierende Bundesministerin für Ernährung, Landwirtschaft und Verbraucherschutz sagte kürzlich in einem Interview, noch während sie die neuen Tierschutzgesetze verhandelte, die etlichen Grausamkeiten immer noch keinen Einhalt gebieten: *»Eine Hähnchenkeule für 50 Cent anzubieten sei unanständig.«* Das ist völlig korrekt! Vor allem dem Tier gegenüber. Dann aber auch den Menschen gegenüber, die sich die Lebensmittel aus den sich gegenseitig übertrumpfenden und geradezu inflationär auftretenden Kochshows nicht leisten können. *Tierschutz über den Verbraucher zu regeln,* wie Frau Klöckner es postuliert, ist doppelzüngig. Ganz konkret drängt sich die Frage auf: Wie soll sich jemand teureres Fleisch leisten, dem am 20. des Monats schon Essig und Öl fehlen, und welch große psychischen und sozialen Ressourcen hat so ein Mensch, der ab dem 21. des Monats trotzdem nicht auf dumme Ideen kommt?

# Erziehung

Ich erinnere mich sehr gut an einen wesentlichen Satz meines Sonderpädagogikstudiums: *Der Anfang aller Erziehung ist die Beziehung.*[194] Ich war, und bin es immer noch, magisch angezogen von diesem Satz, der ein gutes Mantra für alle menschlichen und tierischen Kontakte abgibt. Später kam die Erkenntnis dazu, dass diese wunderbare Grundlage immense Stolpersteine beinhaltet. Auf dem Weg in eine Beziehungsanbahnung, und auch für deren Erhalt, spielen viele große und kleine Faktoren eine Rolle, die Gelingen und Scheitern verursachen können. Und wer ist daran schuld? Niemand! Denn nach wie vor bin ich davon überzeugt, dass die überwiegende Mehrheit aller Menschen loszieht, um nach bestem Wissen und Gewissen gute und positive Kontakte anzubahnen. Unsere Neuronen – das Beste sind dabei unsere sogenannten *Spiegelneuronen*, die kompetent erfühlen können, wie es unserem Gegenüber geht – sind darauf ausgerichtet, zu merken, ob unsere Umwelt Frieden oder Gefahr bereithält, und reifen mit den gemachten Erfahrungen im Leben nach. Sie reagieren, wie soll es auch anders sein, hochindividuell. Nur haben wir in jedem Augenblick unseres Lebens eben nur dieses eine *Neuronenkleid* zur Verfügung, das sich zu diesem Moment eben so gestaltet hat. Nur deshalb können wir in jedem Moment unseres Lebens nur so reagieren, wie es uns aus der Verbindung von Genetik und Erfahrungserwerb vorgegeben ist.

---

[194] Zurückzuführen hauptsächlich auf die Psychoanalytikerin Alice Miller, die in ihren Werken auf die sogenannten *schwarze Pädagogik* hinweist, die dazu ermutigt, Kinder zu demütigen, um aus ihnen bessere Befehlsempfänger zu machen; englischer Titel: *For your own good*, 1980

Menschen müssen immer wieder Beziehungen anbieten, das sollte ein fester Grundsatz sein. Im Privaten hat jeder das Hoheitsrecht darüber, wie die einzelnen Beziehungen gestaltet sein sollen. Man hat auch eine Fürsorgepflicht sich selbst gegenüber. In allen Berufen, in denen einem Menschen anvertraut sind, dürfte es nicht erlaubt sein, beziehungslos zu handeln. Erst recht, wenn man mit Kindern arbeitet. Ihnen keine Beziehung anzubieten, ist eine Form von Gewalt.

Dank der Menschenrechtskonvention[195] zur Inklusion ist es endlich gesetzlich vorgegeben, dass alle Menschen ungeachtet ihrer Hautfarbe, Herkunft, Sprache, Behinderung und Sexualität das Recht haben, gemeinsam lernen zu dürfen. Die Schule hat damit angefangen, inklusive Inseln zu schaffen. Aber: Die Menschen sind mit der Inklusion überfordert. Von *oben verordnet* reagieren die Menschen mit Abwehr. Unser altes biologisches Programm lehnt Fremdes ab. Die moderne Zeit, gerade auch im Zuge der Globalisierung, bringt aber immer mehr Variationen in Menschen und deren Lebensart hervor. Die Vernunft muss mit *Diversity* gefüttert werden, dann ist sie auch lebbar.

Muss man am Ende sagen, dass die eigene Entwicklung auch immer ein Stück auf Kosten anderer geschieht? Sollen wir das mit einberechnen und uns gegenseitig das Wohlwollen schenken, im Wissen, dass es für uns alle von Bedeutung ist? Vielleicht ist das so. Dann bleibt es trotzdem die Hauptaufgabe eines Lehrers oder

---

[195] Trat am 03.05.2008 international in Kraft. 139 Staaten haben signiert. Sie ist der Leitgedanke der Inklusion. Das gemeinschaftliche Streben soll in Anstrengungen geleitet werden, die *Ausgegrenzten nicht mehr zu integrieren, sondern von vornherein allen Menschen die uneingeschränkte Teilnahme an allen Aktivitäten möglich zu machen.* S. a. www.behindertenrechtskonvention.info

einer Lehrerin, junge Menschen zu begeistern, sie zu ermutigen und zu motivieren! Nur wer selbstsicher und positiv in die Zukunft blickt, kann diese mutig und ideenreich gestalten und wiederum andere in der gleichen Art und Weise auf ihren Wegen unterstützen.

Die Psychologieprofessorin Emmy Werner von der *University of California* führte unter der Beteiligung von Kinderärzten, Psychologen und Mitarbeitern des Gesundheits- und Sozialdienstes eine Studie mit knapp 700 Kindern durch, die 1955 auf der Insel Kauai in Hawaii geboren wurden. Es ging darum herauszufinden wie Menschen, die unter besonders belastenden Umständen groß geworden sind, es schaffen, im späteren Leben mit Krisen umzugehen und ein zufriedenes und glückliches Leben zu führen. Alle Teilnehmer der Studie, denen man diese besonderen Kräfte zuordnen konnte, hatten mindestens in einer Phase ihrer Kindheit und Jugendzeit erlebt, von den Bezugspersonen ernst genommen zu werden.[196]

Im Allgemeinen lässt sich auch sagen, dass Menschen, die schon als Erziehungsmoment erlebt haben, dass man in irgendeiner Weise sein Schicksal annehmen, Verluste hinnehmen und Krisen bewältigen muss, über große Ressourcen verfügen, das Leben zu meistern. Das sind diejenigen, die in und nach krisenhaften Ereignissen neue Werte schöpfen und immer wieder zu sich selbst finden.

*Hat man sein Warum des Lebens, so verträgt man sich fast mit jedem Wie.*

Friedrich Nietzsche, *Götzendämmerung*

---

[196] Vergl. Resilienz-Studie von Emmy Werner unter *Resilienz PDF*: https://www.uni-hamburg.de

Huckleberry Finn[197], Pippi Langstrumpf und alle kindlichen Vorbilder, die uns die Literatur geschenkt hat, zeigen uns, dass Liebe, Anerkennung, Fürsorge und Unterstützung in der heranwachsenden Selbstwirksamkeit das Paket in der Kindheit sind, das uns auch später als Erwachsene starkmacht.

Die Korrelation, die zwischen einer Erziehung ohne Gewalt sowie einer hohen Zuwendung seitens der Eltern und der Abnahme von Gewalttaten zu einer sehr hohen Wahrscheinlichkeit vermutet wird, muss uns ermutigen, eine noch positivere Basis der Erziehung zu schaffen: liebevoll und gewaltfrei.[198]

---

[197] Vergl. Kapitel *Jugend und Gewalt*
[198] Vergl. *Unsere Jugend - Die Beste, die wir je hatten?*, von Prof. Dr. Christian Pfeiffer, früher Direktor des *Kriminologischen Forschungsinstituts Niedersachsen*, Professor an der Universität Hannover und 2000–2003 Justizminister Niedersachsens, *centaur* im Januar 2018, Seite 45–48

# Mütter

Ihre Bedeutung steht außer Frage, aber an den Aufgaben von Müttern spalten sich ganze Gesellschaften.

Die vergangenen Jahrzehnte sind in den überwiegenden Ländern der Erde erfüllt von dem Glauben, dass die Mutter am besten beruflich zurücksteckt und zu Hause die Kinder versorgt. Ein Bild, das auch den nationalsozialistischen Zeiten entnommen werden könnte, haben die Nazis doch geschickt verstanden, auch diese gesellschaftlichen Strömungen für ihre Ideologie zu verbrämen.

Die konfrontative Stimmung ist bekannt und hat dafür gesorgt, verschieden denkende Frauen und Mütter zu spalten, anstatt sie zu einen. Die Beziehung zwischen Mutter und Kind ist einzigartig, jede Sekunde, gerade in jüngeren Jahren des Kindes, sehr symbiotisch, nicht zuletzt deshalb auch ein stetiger Genuss. Auch später, in seiner einzigartigen Auseinandersetzung, wenn das Kind sich von den Eltern abheben und lösen will, ja muss.

Um die Mutterschaft herrscht ein Klima aus Schuld und Scham. Eine gemeinschaftlich denkende Gesellschaft würde dies niemals so erschaffen. Sie würde die Mutterschaft als Ganzes stützen und es Frauen individuell überlassen können, wie sich um das Muttersein herum die Identität einer Frau entwickelt. Das kann Arbeit, Weiterbildung, Ehrenamt oder Kunst sein und noch vieles mehr. Niemals dürfte aber zugelassen werden, dass alleine die Mutter, auf das Geschlecht der Frau reduziert, mit ihrer ganzen Person zurücktritt, auf berufliche Selbstwirksamkeit und angemessene Rentenansprüche verzichtet, um – ja, das klingt jetzt seltsam fremd und wissenschaftlich – die alleinige Verantwortung zu übernehmen, dass sich eine ganze Spezies reproduzieren kann.

Mütter haben im Zweifel an allem Schuld. Sie sind schon früh verantwortlich für jede Komplikation in der Schwangerschaft, für jedes Trauma in der Kindheit und für alles Liegengelassene, wenn sie sich dann doch mal für einen Abend für sich entscheiden. Das soll kein Plädoyer für bedenkenloses Konsumieren schädigender Stoffe während der Schwangerschaft oder gedankenloses Verhalten gegenüber Kindern sein. Gemeint ist, dass es schwierig ist, bei generell jeder Art von Problem die Schuld der Mutter heraufzubeschwören. Diese Haltung ist nichtsdestotrotz aber eine stete Konstante gesellschaftlichen Denkens.

In der Schwierigkeit, das *Element des schicksalhaften Zufalls anzuerkennen,*[199] wird die Figur der Mutter gerne mit Schuld aufgeladen: *Auch in der Fachwelt wimmelt es nur so von der Suche nach Schuldigen. Einige Jahre wurde in der Ursachenforschung zu schizophrenen Erkrankungen fest an dem Konzept der schizophrenogenen Mutter festgehalten. Durch ihren Erziehungsstil, vor allem durch dauernde Doublebind-Signale, war sie es, die dem armen Sohn oder Tochter nur noch die Flucht in die Psychose übrig ließ. Besser wurde dieser Unsinn auch nicht dadurch, dass man in der Zeit der fortschreitenden Emanzipation zu dem Schluss kam, dass es möglicherweise auch schizophrenogene Väter geben könnte. Heute klingt dieses Krankheitskonzept sehr seltsam. Wir wissen um die komplizierte Ursachenstruktur von schizophrenen Erkrankungen. Eine schizophrenogene Mutter klingt gegenüber solcher Komplexität lächerlich banal.*«[200]

Ver- und abgeurteilte Menschen legen ihre Gefühle nicht mit neuen, den alten Erkenntnissen widersprechenden wissenschaftli-

---

[199] *Reisen in die Welt des Wahns,* Achim Haug, C. H. Beck Verlag, München, 2019, Seite 33
[200] Vergl. ebenda Seite 34

chen Strömungen ab: *Ich begegne immer wieder Menschen, die nicht ganz loskommen von der Vorstellung, sie müssten doch in der Erziehung etwas falsch gemacht haben, wenn sich der Sohn oder die Tochter jetzt so fremdartig benähmen.*[201]

*Jagd auf die Mutter oder »Wer hat Schuld?«*[202] heißt ein Teil einer Kapitelüberschrift des Buches von Eckhard Schiffer. Menschen, die sich in der Reflexion über die eigene Existenz Gedanken machen, mit therapeutischer Hilfe oder nicht, müssen sich um ihrer selbst und ihrer Eltern willen von dem Gedanken lösen, dass die Eltern ganz schwere Schuld trifft, die sie sich mit der Erziehung aufgeladen haben. Selbstverständlich gelten diese Gedanken für die *Normalfamilien.* Eltern, die ihren Kindern schwere körperliche und psychische Schäden zugefügt haben, sind hier ausgenommen. Hier muss ein anderes Prinzip übernehmen, das wieder dazu verhelfen kann, ein zufriedenes und selbstbestimmtes Leben zu führen. Ein Kontaktabbruch ist oft das Fundament, die therapeutische Arbeit bleibt privat und individuell.

*Ein solches Gewissen, gleich ob von Frauen oder Männern verinnerlicht, kann auch die nicht immer zulängliche Mutter in ihren Bemühungen gelten lassen, ohne sie zu verurteilen oder daß sie sich selber verurteilt.*[203]

---

[201] Vergl. ebenda Seite 34
[202] Vergl. Eckhard Schiffer, *Warum Huckleberry Finn nicht süchtig wurde, Anstiftung gegen Sucht und Selbstzerstörung bei Kindern und Jugendlichen*, Beltz Verlag, 1999, Erstveröffentlichung 1993 durch den Quadriga Verlag, Seite 137
[203] Vergl. ebenda, Seite 136

Folgende Punkte führen zu einer, wie ich finde, elementaren Erkenntnis:

- *Mütterliches Handeln schließt immer schon den Transport gesellschaftlicher Bedrohung und Zerrissenheit mit ein.*
- *Mütterliches Handeln muß immer auch im Hinblick auf die Erschöpfbarkeit und Unterstützungsbedürftigkeit der Handelnden gesehen werden.*
- *Mütterliches Handeln ist also nicht nur Handeln einer oder eines einzelnen, sondern meint in der Regel immer noch zunächst die Solidarität zweier und dann die Solidarität vieler.*
- *Mütterliches Handeln meint so auch gesellschaftliche Fürsorge.*[204]

Die Schuldfrage wird im geschichtlichen Kontext sehr lebensklug in *Verantwortung* umgewidmet. Wenn wir diesem Prinzip weiterhin folgen und das Wort komplett ersetzen, dann darf man mutig fragen, wenn man den Dingen des Lebens auf den Grund gehen will. Dann antworten nicht gleich bei jeder Frage des Lebens die Schuldgefühle, sondern vielmehr der ehrliche Blick darauf, was wir im Leben tatsächlich beeinflussen können und was nicht. Bei jeder Übernahme von Verantwortung für ein anderes Leben spielen immer unsere eigenen Erfahrungen, Enttäuschungen, Traumata, aber auch verschiedene Stadien der persönlichen Entwicklung eine Rolle. In gewissen Situationen würde man in einer reiferen Lebensphase ganz anders agieren. Mit gewissen Themen des Lebens bleiben wir dauerhaft überfordert. Überforderung bedeutet nicht, ein schlechter Mensch zu sein!

Also: Hat die Mutter die Verantwortung für die Schwierigkeiten, die sich im Leben ihres Kindes ergeben? Antwort: Ja, auch.

---

[204] Vergl. ebenda, Seite 137

Wir müssen verstehen lernen, dass selbst *normale Zustände des Lebens* – also nicht die Schwierigkeit, im besonderen Maße eingeschränkt oder alleinerziehend zu sein – im Elternsein zu Erschöpfungszuständen führt. Allein schon deshalb sind wir darauf angewiesen, unsere Kinder als Gesellschaft zu erziehen.

*In Afrika erzieht ein ganzes Dorf die Kinder.* Diesem Satz bin ich im Kontakt zu ausländischen Müttern immer wieder begegnet, sei es, als meine Tochter selbst noch ein Kleinkind war und ich die Gesellschaft anderer Mütter gesucht habe, oder in meiner Zeit als Deutsch-als-Fremdsprache-Lehrerin. Inzwischen weiß ich, dass die Verwendung eines ganzen Kontinentes als Herkunft, wenn nicht eine gewisse Form von Rassismus, dann doch zumindest jede Menge Eurozentrismus enthält. Dafür kann ich mich nur entschuldigen. Unter Umständen wird man aber doch ähnliche Antworten bekommen, wenn man Mütter aus Kenia, Tansania oder Ghana fragt. Das ganze Dorf passt mit auf und die Mutter erhält in den Wochen nach der Geburt ganz besondere Fürsorge von einer Frau, die in der Zeit nichts anderes macht, als sich um die Mutter zu kümmern. Meistens ist es die eigene Mutter, was ganz besonders zauberhaft ist und ganz sicher magische Momente im Familienzusammenhalt hervorbringt.

Diese Art zu denken ist in Deutschland fremd. Wenn man in Deutschland *Alleinerziehende* genannt wird, ist man in jedem Fall alleinerziehend. Selbst wenn man verheiratet ist, ist man es oft dennoch.

Das Hamburger Abendblatt informiert über die Kurbedürftigkeit von Eltern in Deutschland. *Der Spagat zwischen Familie, Arbeit und der Pflege von Angehörigen setzt vor allem Mütter zunehmend unter Druck. Wie das Müttergenesungswerk am Dienstag in Berlin mitteilte, nahmen im vergangenen Jahr rund 49.000 Müt-*

*ter und etwa 71.000 Kinder eine Kur in Anspruch.*[205] Ich finde es wunderbar, dass Deutschland dieses Angebot bereithält, das sage und meine ich ohne Zynismus. Noch wunderbarer ist es, dass diese vielen klugen Menschen es angenommen haben. Sehr wahrscheinlich gehören sie noch zu denen, die früh genug die Reißleine gezogen haben und genau wissen, dass Kinder und Jugendliche sich nur dort gesund und gut entwickeln können, wo auch viel Eigenfürsorge im guten Sinne unter den Eltern herrscht.

Die Gründe für die Beantragung der Kuren sind folgende:

1. Zeitdruck

2. berufliche Anforderungen

3. Erziehungsschwierigkeiten

4. Finanzielle Probleme

*Rund 87 % der Beantragenden leiden unter Erschöpfungszuständen bis zum Burn-out. Symptome sind Schlafstörungen, Allergien, Migräne, Magen-Darm-Beschwerden und Herz-Kreislauf-Erkrankungen.*[206]

Mir drängt sich der Gedanke auf, dass man die Gründe in genau dieser Reihenfolge und die Begleiterscheinungen als Grundlage eines Masterplans formulieren könnte, die die Politik und die Krankenkassen in gemeinschaftlicher Arbeit dazu bewegen sollte, genau diese Gründe nachhaltig zu bekämpfen. Und dies mit gezielten Programmen. Auch diesem Artikel können wir entnehmen, dass das tradierte Familienmodell ein nicht zu verachtender Stolperstein in der Entwicklung von Müttern, Vätern und Kindern ist.

---

[205] Vergl. *Hamburger Abendblatt, Mütter stehen zunehmend unter Druck, Müttergenesungswerk: Ursachen sind Zeitmangel, Beruf und Erziehungsprobleme,* 11.10.2017, Seite 5, epd

[206] Vergl. ebenda

Die Reaktion der Gesellschaft auf Mütter als Täterinnen fällt immer besonders hart aus. Daran kann man ablesen, welche große Rolle ihr von der Gesellschaft zugeschrieben wird. Ich möchte keine Tat einer Mutter an ihrem Kind bagatellisieren, allerdings muss das Ganze in Relation gestellt werden. Ein Interview mit der Psychoanalytikerin Hanna Ziegert, die im Vollzug mit Straftätern arbeitet, sagt deutlich, *dass Mütter viel häufiger eine destruktive Rolle spielen, als wir wahrhaben wollen.*[207] Auch hier wird darauf hingewiesen, dass wir nicht gut daran tun, das *Schuldenkonto* der Mütter weiter zu zementieren, denn immerhin sind in der gesamten Kriminalstatistik immer noch 80 Prozent der Opfer weiblich und insgesamt 95 Prozent aller Inhaftierten männlich.[208] Aber dieser Artikel bringt uns auf die Spur, dass es eine sehr subtile Art von Gewalt gibt, die Menschen so aushöhlen und mürbe machen kann, dass sie irgendwann gewalttätig werden.[209]

Hanna Ziegert ruft dazu auf, sich mit den eigenen Schattenseiten auseinanderzusetzen, um Gewaltspiralen aufzubrechen. Das passt sehr gut in das kriminologische Konzept, dass alle Menschen gute und böse Seiten in sich tragen und nur ein möglichst großer Bewusstseinsgrad darüber uns selbst und andere schützen kann.

Es werden Beispiele im Artikel erwähnt, die sehr nachdenklich machen und immens betrüben: *Vater hat gehauen, aber Mutter hat ihm von den Fehltritten vorher erzählt.*[210] Diese Form von Gewalt ist vergleichbar mit *Gang- oder Banden-Gewalt*, bei der es immer

---

[207] Vergl. *Süddeutsche Zeitung* vom 01./02.12.2018, *Mütter* von Christina Berndt
[208] Vergl. ebenda
[209] Vergl. Kapitel *Krankheitsbilder überprüfen*
[210] Vergl. *Süddeutsche Zeitung* vom 01,/02,12.2018, *Mütter* von Christina Berndt

einen Anführer gibt. Juristisch wird das *Anführersein* härter bestraft: *Der, der sich nach außen stellt und die »anderen die Drecksarbeit machen lässt«, begeht das schlimmste Vergehen.*[211] Dem Artikel nach begeht eine Mutter, die ihre Kinder wissentlich Gewalt oder sexuellem Missbrauch aussetzt, ein Verbrechen, das kaum nachvollziehbar ist.

Wie passt das zusammen? Evolution, Biologie und Genetik, die uns Müttern das Handwerkszeug an die Hand geben, unseren Nachwuchs liebevoll großzuziehen, sowie ein Verhalten, das die geliebten kleinen Menschen andauernd und immer wieder neu schlimmen Situationen aussetzt, die massive psychologische Folgen haben. Es scheint so, als lebten diese Mütter mit einer *doppelten Buchführung*. Dieser Ausdruck wird im klinischen Sinne bei Wahn-Erkrankten verwendet, die dazu gezwungen sind, für Außenstehende unsinnige Vorgänge und Verbindungen neben der Realität so stehen zu lassen.[212] Gesunde Menschen können diese sogenannten *Dissonanzen* nicht überbrücken und lösen die Irrtümer in ihren Überlegungen zugunsten realistischer Annahmen auf. Nicht so an Wahn Erkrankte. Für sie ist in ihrer Wahrnehmung beides möglich.[213]

Nun kommen wir sicher nicht zu einem fortschrittliches Denken, wenn wir schlimmen Verbrechern und Verbrecherinnen psy-

---

[211] Vergl. Kapitel *Narzisstische Persönlichkeitsstörung*
[212] Vergl. *Reisen in die Welt des Wahns,* Achim Haug, C. H. Beck Verlag, München, 2019, Seite 27 ff
[213] Vergl. auch die Begriffsprägung der *alternativen Fakten,* die nach der Amtseinführung Donalds Trumps, zu der er behauptete, dass weitaus mehr Menschen dazu gekommen sind als bei seinem Amtsvorgänger Obama. Inzwischen gibt es einige Versuche, hinter dem Verhalten von Donald Trump starke narzisstische Züge zu sehen, jedoch auch Anflüge von Wahnstimmungen.

chische Krankheiten attestieren. Es mag ja die eine oder andere Diagnose in Teilen stimmen, trotzdem unterstützt es das Schwarz-Weiß-Denken. Verbrechen kann man nicht mit Krankheiten, Aussehen oder einer anderen von der Natur gegebenen Dispositionen erklären. Lesen wir im Artikel weiter, müssten wir auch die drei- und vierfache Buchführung einführen, denn die im Kapitel *Erziehung* zitierte Alice Miller hat sich zwar für misshandelte Kinder eingesetzt, *aber ihr eigener Sohn wurde vor ihren Augen jahrelang vom Vater geschlagen.*[214]

Es bleibt bei dem Aufruf in der Einleitung: Jeder und jede von uns muss sich auf die Spur begeben, die eigenen Machtpositionen zu entdecken, um sie auszuheben. Dem Täter in sich auf der Spur zu sein, ist keine angenehme Suche. Wir müssen dabei sogar noch den eigenen Finger in die eigene Wunde legen. Die Psychiaterin und Psychoanalytikerin Hanna Ziegert hat für sich selbst auch keine bequemen Wege gewählt. Gemeinsam mit ihrer Tochter hat sie ein Buch geschrieben: *Die Schuldigen* (Penguin).

---

[214] Vergl. *Süddeutsche Zeitung* vom 01,/02,12.2018, *Mütter* von Christina Berndt

# Trauma und posttraumatische Belastungsstörungen

*Die Bildung eines Traumas ist unabhängig von der objektiven Einschätzung des Ereignisses.*[215]

Jugendliche können in ihrem jungen Leben Traumata verschiedenster Art erlitten haben und danach unter posttraumatischen Belastungsstörungen leiden. Bei meiner Arbeit mit jugendlichen Straftätern wurde mir von ihnen Erlebtes berichtet, das allein vom Zuhören schon extrem betroffen macht. Wenn jugendliche Migranten von ihrer Flucht erzählen, dann haben diese Geschichten große Ähnlichkeiten mit denen unserer Eltern und Großeltern in Zeiten der Weltkriege. Von der Gefährlichkeit der Fluchtwege und Transportmittel bis zur Dauer der Flucht, die zwischen ein bis vier Jahren dauerte, kann jedes einzelne Detail eine Narbe auf der Seele hinterlassen.

Auch ohne selbst erlebte Flucht oder die Übernahme der Fluchterfahrungen der Eltern und Großeltern, können schon Babys stark traumatisiert werden, indem man sie einfach schreien lässt und sie nicht aufnimmt und umsorgt. Babys, die man schreien lässt, dissoziieren.[216] Dieser Prozess lässt sich auch beschreiben mit *aus dem Körper treten*. Das, was in diesem Fall das Baby und später der Erwachsene erneut erleben, ist so schrecklich, dass die Betroffenen gefühlt aus dem Körper austreten und sich selbst vor-

---

[215] Pia Heckel, Leitung der Fortbildung *Traumapädagogik* in Hamburg, 2018/2019

[216] Die Psychologie spricht davon als ... *einen Prozess, in dessen Verlauf zusammengehörige Denk- und Handlungs- oder Verhaltensabläufe in Einzelheiten zerfallen,* aus *Wörterbuch der Psychologie*, Werner D. Fröhlich, dtv, 2010, Originalausgabe 1968

machen, dass das gerade einer anderen Person geschieht, nicht ihnen. Selbst im 21. Jahrhundert gibt es noch Erziehungsratgeber, die diese Methode (Babys schreien zu lassen) favorisieren, da mit diesem Denken die Meinung einhergeht, wenn man seine Kinder immer aufnimmt und versorgt, würde man sie zu Tyrannen erziehen. Nachweisbar ist jedoch auch, dass diese Erziehungsströmungen der Nazi-Ideologie entnommen wurden. Der erste Ratgeber, der diesen Erziehungsstil proklamierte, erschien 1936, seine letzte Auflage wurde 1986 gedruckt.

Mir ist bei der Arbeit mit Migranten und Migrantinnen aufgefallen, dass in Europa und gerade in Deutschland zwei verschiedene *Friedenskulturen* aufeinandertreffen: Einmal die ältere Generation und ihre Kinder, die noch auf sehr viele verschiedene Arten stark unter dem Eindruck des Zweiten Weltkriegs stehen, und demgegenüber junge Menschen, die den Krieg gerade erlebt haben oder von den Erzählungen der Eltern entsprechend geprägt sind. Wir sprechen also nicht nur von den jungen Migranten aus Somalia, Afghanistan und Syrien, sondern auch von Jugendlichen aus dem Balkan.

Ein junger serbischer Schüler, der jetzt etwa 15 Jahre alt ist, erzählte mir sehr ergriffen Dramatisches über den Verlauf des Krieges in Ex-Jugoslawien. Sehr bedeutsam scheint auch das Image zu sein, das sich vor und während des Krieges um die Serben herum gebildet hat: starke, kompromiss- und mitleidlose Krieger, denen man besser aus dem Weg geht. Dieses Image auf dem Schulhof verteidigen zu müssen, empfinden junge Serben noch heute.

Ein Häftling aus Somalia berichtete mir, dass er in der Zeit, die er in Libyen verbrachte, im *Kinderknast* war und von der Organisation Save the children befreit wurde. Jedes Mal, wenn er etwas davon erzählte, beendete er seine Erzählung mit: »God bless save the children.« Von ihm erfuhr ich auch, dass er mit 20 anderen Personen auf einem Boot war, das zu sinken drohte und ein selbst ernannter Chef befand, dass es einen zu viel an Bord gebe. Bei der Überlegung, wer es sein könnte, fiel seine Wahl auf den jungen Somali. Bei der anschließenden Schlägerei konnte der sich zwar behaupten, aber er verlor beide Vorderzähne. Die fehlenden Zähne konnten durch ein Implantat ersetzt werden, die seelische Verletzung jedoch bleibt. Durch heftigen Alkoholkonsum hat er versucht, die Unsicherheiten des Lebens in Europa zu bewältigen. Die steigenden Straftaten in Summe und Stärke sorgten dafür, dass er in die JVA kam. Ohne Alkohol wurde er zu einem sehr umgänglichen Menschen, der zuverlässig verschiedene Dienste verrichten konnte.

Im Jahre 2010 wurde das deutsche Containerschiff *Taipan* vor der Küste Somalias von zehn somalischen Piraten gekapert, drei davon waren nach eigener Angabe jugendlich. Somalia ist ein Land, das zu diesem Zeitpunkt schon 20 Jahre Krieg gegen sich selbst führte.[217] Der Prozess erregte damals großes Aufsehen in Hamburg. Er war der erste Piratenprozess seit 400 Jahren in Hamburg. Der letzte galt Klaus Störtebeker. Die beteiligten Jugendlichen waren Ausnahmeerscheinungen, selbst hierzulande. In den Artikeln erfuhren wir viel über die Geschichte Somalias, dessen Bevölkerung hauptsächlich von der Fischerei lebte. Diese wurde immer weiter von den lukrativen Geschäften der Industrienationen beschnitten. Es ging ums Abfischen, um Müllverklappung und zusätzlich um den Bürgerkrieg. Grauenhafte Zustände in einem armen Land. Das niederländische Militär hatte die Piraten über-

---

[217] *Der Spiegel* Nr. 14/2011, *Ich wollte nur überleben* von Beate Lakotta, Seite 52–58 und *Spiegel online, Piraten-Anwälte, im Zweifel für die Angeklagten* von Simone Utler, 31.01.2012

wältigt und die Geiseln befreit, von denen zum Glück keiner verletzt wurde. Die Piraten hatten an Bord nicht viel Zeit. Diese haben sie hauptsächlich genutzt, um den Kühlschrank leer zu essen. Von zwei Paketen Butter war hinterher nur noch das Glanzpapier übrig.

Bei dieser Geschichte muss immer darauf aufgepasst werden, dass nichts verrückt. Auch in Somalia weiß man, dass man nicht mit einer Kalaschnikow und einer Panzerfaust ein Schiff entern darf. In Somalia steht darauf die Todesstrafe, für Raub mindestens das Abhacken eines Armes, wenn nicht beider. Mit diesem Hintergrund kamen also zehn junge Männer nach Deutschland, in ein Land, das sie nicht kannten. Ein internationales Abkommen, der Seegerichtshof, die Herkunft des Containerschiffes und jede Menge Zufälligkeiten hatten sie hergebracht. Eindrucksvoll ließ sich lesen, dass sie zum ersten Mal mit einer Form von Gerechtigkeit in Kontakt kamen. Das Jugendstrafrecht macht eine Altersbestimmung erforderlich für Menschen, die ihren Geburtstag nicht kennen.

Der junge Abdiwali, den ich später kennenlernen durfte und der mir im Deutschunterricht mit seiner höflichen Art vorkam wie jemand, der seine ausgesprochen hohe Soziabilität nur innerhalb eines liebevollen Elternhauses erworben haben konnte, wurde kurz nach Ankunft in Hamburg in das *Universitätsklinikum Eppendorf* gebracht. Durch Röntgenaufnahmen sollte eine Altersbestimmung vorgenommen werden. Als seine Hand festgebunden und das Röntgengerät heruntergelassen wurde, dachte er, die Hand würde abgehackt. Man hielt es nicht für nötig, ihm zu erklären, wo er sich befand und was gemacht würde, weil man davon ausging, dass jeder Mensch diese Prozeduren kennen würde und die Situation richtig einschätzen könne. Übrigens hatte er mit vier Jahren seine Eltern verloren und lebte, seit er zehn Jahre alt war, auf der Straße.

Ich muss zugeben, ich hätte das nicht erwartet, ich habe Abdiwali völlig falsch eingeschätzt. – Liebevolles Elternhaus? Weit gefehlt!

Wir müssen in alle unsere Begegnungen die Möglichkeit, eher die hohe Wahrscheinlichkeit einbeziehen, dass wir uns irren. Wir irren uns zu jeder Zeit und mindestens in einem Bereich in der Einschätzung unseres Gegenübers.

Vor ein paar Wochen habe ich erfahren, dass diese Geschichte noch weitere Irrwege beschritten hat. Michael Scott Moore schrieb 2011 für *Spiegel online* über den Piratenprozess in Hamburg. 2012 fuhr er selbst nach Somalia und geriet für drei Jahre in Geiselhaft.[218] Durch das Verhandlungsgeschick seiner Mutter kam er nach 977 Tagen[219] zumindest körperlich unversehrt wieder frei. In den Artikeln von Michael Scott Moore liest man von Zusammenhängen, die brillant recherchiert sind. Ich frage mich ganz aktuell, ob er während der Begleitung der Piratenprozesse genau den gleichen Eindruck wie ich gewann: Hatte er sich als Mensch geirrt? Hatte er die Skrupellosigkeit von Menschen unterschätzt, die unter gleichen Lebensbedingungen jeweils verschiedene Reaktionen und Antworten auf das Leben produzieren? Wenn ja, mir wäre es auch passiert.

Jugendliche, die aufgrund biografischer Ereignisse sehr wahrscheinlich unter posttraumatischen Belastungsstörungen leiden, können im Unterricht auf kleinste Formen von Unsicherheit sehr sensibel reagieren. Pädagogische Maßnahmen, die die meisten

---

[218] Michael Scott Moore erzählte seine Geschichte in der *NDR Talkshow* am 22.02.2019

[219] *Wir werden dich töten, 977 Tage in der Hand von Piraten*, Michael Scott Moore, Edel Books, Februar 2012

Jugendlichen kennen und gut annehmen, wirken auf Jugendliche, die unter Belastungsstress stehen, in manchen Fällen nahezu bedrohlich.

In eine sehr unruhige Unterrichtsstunde mit jugendlichen Straftätern wollte ich Ruhe reinbringen, indem ich bei Störungen jeweils hinter dem jeweiligen Namen an der Tafel einen Strich macht. Im Allgemeinen hat diese Visualisierung schon einen disziplinierenden Effekt. Die meisten Schüler kommen normalerweise gar nicht die auf fünf Striche, die als Grenzwert für die nächste Stufe vorgebe (z. B. ein Einzelgespräch mit mir oder eine kurze Auszeit etc.). Für die meisten Schüler ist diese Vorgehensweise ein Stück Schulroutine und kaum negativ besetzt. In diesem Fall war es aber anders. Aus der Unsicherheit, die darüber entstand, in diesem Moment nicht abschätzen zu können, was nach fünf Strichen passiert, wurde Aggression und eine direkte Konfrontation mit mir. Die spätere Analyse des Unterrichtsgeschehens meinerseits brachte zahlreiche Signale hervor, die der Jugendliche gesendet hatte und die ich in dem Moment unglücklicherweise nicht bemerkte. Eine Woche später bat ich ihn in ein Gespräch unter vier Augen und entschuldigte mich. Er reagierte erleichtert und es folgte prompt eine Entschuldigung seinerseits.

Kinder und Jugendliche mögen und brauchen klare Verhältnisse. Das gibt Sicherheit. So ist das auch für Erwachsene. Die Welt um uns herum muss in einem bestimmten Grad berechenbar sein. Unberechenbares erzeugt tief in uns Unsicherheit und die kann sehr schnell in Aggression umschlagen. Dieser Umstand wiederum sorgt dafür, dass sich Schwellen herabsetzen und es möglich, eventuell auch nötig wird, gewaltvoll zu reagieren.

Es lässt sich feststellen, dass bei der moralischen Entwicklung unter Trauma-besetzten Bedingungen, Jugendliche in der Reifung zu Erwachsenen dazu neigen, Geschlechterrollen in potenzierter

Form zu übernehmen. Das bedeutet bei Jungen, dass sie sich zu Machos entwickeln, Mädchen zeigen Formen von extremer Angepasstheit.[220] Über Jahrhunderte geprägte Geschlechterrollen scheinen noch immer über ein großes Potenzial zu verfügen, die Unsicherheit in der Welt in ein größtmögliches Korsett von gefühlter Sicherheit zu pressen, obwohl wir seit etwa 50 Jahren in Deutschland sehr divers verlaufende Biografien entwickeln und im modernen Leben – Männer wie Frauen – das größtmögliche Maß an Unabhängigkeit erreichen wollen.

Personenkreise, die beruflich mit Gewalt in Kontakt kommen, sind sehr gefährdet, durch mögliche Traumatisierungen aus der Balance zu geraten. So hat man zum Beispiel festgestellt, dass Polizisten besonders gefährdet sind, selbst kriminell zu werden. Ein Polizist startet unter Umständen seine berufliche Phase mit dem Idealbild des Freund und Helfers und stellt bei der täglichen Streife fest, dass daran gar nicht festgehalten werden kann. Das Bild kann sogar so eine Schräglage bekommen, dass der Glaube an die Gerechtigkeit verloren geht. Wenn der Glaube verloren ist, sinkt gleichzeitig die Hemmschwelle, *die vermeintlich böse Welt mit Bösem zu beantworten.*[221]

Wenn wir uns mit der Kindheit unserer Eltern beschäftigen, dann geschieht das häufig im Kontext des Zweiten Weltkrieges. Dieser tobte eventuell noch, als unsere Eltern schon am Leben waren oder warf seine langen Schatten auf die Nachkriegszeit, die häufig aufgrund des stark erlebten Hungers als schrecklicher als die eigentlichen Kriegsjahre beschrieben wurde. Auf den Spuren der eigenen

---

[220] Vergl. Kapitel *Thesen und alltäglicher Sexismus in Verbindung mit Kriminalität*, speziell die Zukunftsträumereien junger Teenie-Mütter
[221] Vergl. *Täter in Uniform, Polizeigewalt in Deutschland*, Hörspiel von Marie von Kuck, Produktion *SWR/Dlf/WDR*, 2018

Traumata stoßen wir auch auf die vererbten: die Traumata unserer Eltern und Großeltern. Mit diesen Gefühlen zu arbeiten, ist deshalb so schwer, weil wir auf keine realen Bilder zurückgreifen können. Hierbei muss alles auf einer nicht-gegenständlichen Ebene entschlüsselt werden. Aber auch wenn die Entschlüsselung nie ganz gelingen wird: Die Beschäftigung mit der Kindheit der Eltern führt in einen Zustand des *Mehr-Verstehens* und in einigen Fällen auch zum rettenden Verzeihen.[222]

Einen Weg aus dem Trauma heraus zu schaffen oder eine Möglichkeit zu finden, damit zu leben, kann viele Gestalten annehmen. Ein wunderbares Beispiel findet sich bei *Gisela on the road*.[223]

Um 2010 herum entschied Gisela sich, ihre Wohnung zu verkaufen und sich für den Erlös ein Wohnmobil anzuschaffen. Mit diesem ging sie auf Reisen. Das schien zunächst risikoreich, da Gisela sehr unter Gelenkschmerzen litt und ein Pflegefall zu werden drohte.

Beim Reisen merkte sie, dass ihr altes Leben sie krank gemacht hatte. Sie entstammte einer Familie mit neun Kindern, die am Ende des Zweiten Weltkrieges von Polen über die eisige Ostsee flüchteten. Sie selbst war zwei Jahre alt, ihr sechs Monate alter Bruder erfror auf dieser Flucht. Sie fühlte, dass dieses Trauma sie immer begleitete. Ihr Leben war mühsam. Sie war Bankangestellte und alleinerziehende Mutter, pflegte ihre eigene Mutter eine lange Zeit, bis diese verstarb.

Gisela ging auf Reisen, um Neues zu erfahren und Menschen zu treffen, die anders lebten als sie. Aber auch, um ihren Ängsten auf

[222] Vergl. *Die vergessene Generation, Die Kriegskinder brechen ihr Schweigen*, Sabine Bode, Klett-Cotta Verlag Stuttgart, 2014, Erstauflage 2004
[223] Vergl. Dokumentation *Gisela on the road, WDR* 2017

die Spur zu gehen. Sie unternahm zweimal eine Reise nach Polen, um ihr Elternhaus aufzusuchen. In diesem lebte schon längst eine polnische Familie.

Als sie zu dem Punkt gelangte, die Orte zu besuchen, die den Weg des Flüchtlingstrecks nachzeichnen, musste sie die erste Reise abbrechen. Zu stark war das Gefühl.

Mutig machte sie sich ein zweites Mal auf den Weg und stellte sich ihren Ängsten. Am Ostseestrand, an dem der Treck ankam und an dem bis heute viele Frauen- und Kinderknochen liegen, saß sie dann und fühlte eine eisige Kälte.

Wenn Menschen ein Trauma erlitten haben, dann sind sie ständig in der Gefahr, das Erlebte in Form einer Introsion oder eines Flashbacks wiederzuerleben. Die Introsion ist eine Art nebulöse Erinnerung an das Ereignis. Dieses Wiedererleben, das durch einen bestimmten Geruch oder eine menschliche Stimme ausgelöst werden kann, muss nicht komplett auf der Bewusstseinsebene stattfinden. Bei einem Flashback taucht die ganze Szene vor dem Traumatisierten auf. Auch das kann spontan durch einen kleinen Impuls ausgelöst werden. Hierbei versinkt der oder die Betroffene in dieses Wiedererleben und muss durch liebevolle Ansprache, die Orientierung mitbringt, durch andere wieder herausgelöst werden. Passiert dies im Unterricht, so sollte der Lehrer oder die Lehrerin behutsam nach Ort und Zeit fragen oder ein Glas Wasser anbieten. Auf jeden Fall muss der Unterricht gestoppt werden, da der Stress für denjenigen dann zu hoch ist.[224]

Diese Möglichkeit, einem Flashback im Unterricht zu begegnen, erscheint wie ein Brennglas auf die Umstände und Bedingungen, die wir alle brauchen, um uns in der Welt verortet zu fühlen.

---

[224] Marek Spitczok von Brisinski, Fortbildung *Traumasensibler Unterricht in Integrationskursen*, Oldenburg Juli 2017

Wir alle brauchen Orientierung, Führung, Zuwendung, Liebe, Akzeptanz, Unterstützung, das Gefühl, mit Wohlwollen ein Teil der Gruppe zu sein, Rücksichtnahme und Toleranz anderer auf unsere Schwächen, Möglichkeiten uns zu entfalten sowie selbstwirksam Dinge und Situationen gestalten zu können. Die Verletzung dieser Bedürfnisse in jeglicher Art und Weise hat Folgen: eine bestehende Tätergesellschaft.

MIX

Papier | Fördert
gute Waldnutzung

FSC® C083411

Zeitfracht Medien GmbH
Ferdinand-Jühlke-Straße 7
99095 Erfurt, Deutschland
produktsicherheit@kolibri360.de